服装生产线平衡技术

FUZHUANG SHENGCHANXIAN
PINGHENG JISHU

谭雄辉 / 著

中国纺织出版社有限公司

内 容 提 要

本书结合服装企业增效降本的需求，采用逻辑严谨的流程结构，通过大量的案例，将流水线平衡技术系统全面地传递给读者，是一本实操性强、实用价值高的服装管理技术类专业书籍。本书共分5章，包括服装生产线平衡技术基本原理和标准工时案例分析、单件流U型吊挂线生产线平衡设计、直线型生产线平衡设计、集团式生产线平衡设计、模块式生产线平衡设计。本书有助于解决不同生产条件下不同服装品种的工时不平衡问题，适合广大相关专业人员、专业教师和学生学习参考。

图书在版编目（CIP）数据

服装生产线平衡技术 / 谭雄辉著 . -- 北京：中国纺织出版社有限公司，2023.11
ISBN 978-7-5229-1183-0

Ⅰ. ①服… Ⅱ. ①谭… Ⅲ. ①服装工业－生产管理 Ⅳ. ①F407.866.2

中国国家版本馆 CIP 数据核字（2023）第 208959 号

责任编辑：郭 沫　责任校对：寇晨晨　责任印制：王艳丽

中国纺织出版社有限公司出版发行
地址：北京市朝阳区百子湾东里 A407 号楼　邮政编码：100124
销售电话：010—67004422　传真：010—87155801
http://www.c-textilep.com
中国纺织出版社天猫旗舰店
官方微博 http://weibo.com/2119887771
北京华联印刷有限公司印刷　各地新华书店经销
2023 年 11 月第 1 版第 1 次印刷
开本：787×1092　1/16　印张：10
字数：208 千字　定价：68.00 元

凡购本书，如有缺页、倒页、脱页，由本社图书营销中心调换

前言 preface

现阶段，服装行业产品竞争激烈，利润空间挤压严重，同时，品质要求高，生产周期短。不管是大批量生产还是小批量生产的企业，要想生存，增效降本是根本。在机械化时代，各种全自动化缝纫机、模板机、吊挂物流系统被广泛应用，大大提高了生产效率，减少了生产中的显性浪费。而生产中的隐性浪费是存在于价值流上的技术性浪费，生产价值流包括设计环节、物料采购环节、制作加工环节、物流环节和销售环节。制作加工环节是核心，关键是保障生产线平衡，消除作业间不平衡，降低单个产品的人工时间消耗，提高生产线的整体效率。本书所阐述的技术适用于不同生产条件和不同服装品种，以及不同体量的生产场景。

本书一方面介绍了服装生产线平衡技术基本原理和标准工时测定的方法，另一方面针对目前企业主要存在的几种生产条件的状况，总结出四种生产线平衡技术，有单件流U型吊挂线生产线平衡设计技术、直线型生产线平衡设计技术、集团式生产线平衡设计技术和模块式生产线平衡设计技术。本书将技术方案设计思路和步骤流程化，每种技术方案的设置都严格按照设置流程，从领任务到整理资料、计算相关技术指标、工位组合方案设置、方案水平评估、绘制工位安排图，均予以详细介绍，并列举对应的生产案例。本书脉络清晰，提供了大量逻辑层层相扣的图表，方便学习者理解和掌握。本书内容涵盖面广，操作性强，学习者可以按照企业自身的情况进行实操练习，具有较强的参考价值。

本书历经三年时间撰写完成，在撰写过程中，需要进行大量的实验，特别感谢新飞腾纺织服装有限公司、佛山市南海NO.1实业有限公司、广州春晓信息科技有限公司等教学实训基地提供实验条件和支持，感谢广东职业技术学院给予本书的支持和帮助。

著者

2023年10月

目录

第1章 服装生产线平衡技术基本原理和标准工时案例分析

1.1 服装生产线平衡设置的基本原理 …………………… 001
1.1.1 服装生产线平衡设置研究流程和要求 …………… 001
1.1.2 标准工时的确定 …………………………………… 001
1.1.3 生产线平衡相关指标的计算 ……………………… 002
1.1.4 流水线平衡度的评估标准 ………………………… 003
1.1.5 解决瓶颈工序状况常用的法则 …………………… 003

1.2 标准时间分析代码法实例分析 …………………… 004
1.2.1 GST代码介绍 ……………………………………… 004
1.2.2 圆领针织T恤缝制作业标准时间分析 …………… 008

第2章 单件流U型吊挂线生产线平衡设计

2.1 POLO针织衫生产线平衡设计 …………………… 022
2.1.1 款式特点 …………………………………………… 022
2.1.2 工艺说明 …………………………………………… 023

            2.1.3　工序统计 …………………………………………… 023
            2.1.4　各工序时间分析直方图 …………………………… 024
            2.1.5　各工序时间分析雷达图 …………………………… 025
            2.1.6　工序优化组合 ……………………………………… 026
            2.1.7　工位安排 …………………………………………… 029
            2.1.8　组合方案评估 ……………………………………… 030
            2.1.9　工位安排图绘制 …………………………………… 031
      2.2　针织连衣裙生产线平衡设计 …………………………………… 032
            2.2.1　款式特点 ……………………………………………… 032
            2.2.2　工艺说明 ……………………………………………… 032
            2.2.3　工序统计 ……………………………………………… 032
            2.2.4　各工序时间分析直方图 …………………………… 033
            2.2.5　各工序时间分析雷达图 …………………………… 034
            2.2.6　工序优化组合 ……………………………………… 034
            2.2.7　工位安排 …………………………………………… 039
            2.2.8　组合方案评估 ……………………………………… 039
            2.2.9　工位安排图绘制 …………………………………… 041
      2.3　男西裤生产线平衡设计 ………………………………………… 041
            2.3.1　款式特点 ……………………………………………… 041
            2.3.2　工艺说明 ……………………………………………… 042
            2.3.3　工序统计 ……………………………………………… 042
            2.3.4　各工序时间分析直方图 …………………………… 044
            2.3.5　各工序时间分析雷达图 …………………………… 044
            2.3.6　工序优化组合 ……………………………………… 045
            2.3.7　工位安排 …………………………………………… 053
            2.3.8　组合方案评估 ……………………………………… 054
            2.3.9　工位安排图绘制 …………………………………… 056

第3章 直线型生产线平衡设计

3.1 插肩袖针织T恤生产线平衡设计 ··········· 057
- 3.1.1 款式特点 ················· 057
- 3.1.2 工艺说明 ················· 057
- 3.1.3 工序统计 ················· 058
- 3.1.4 各工序时间分析直方图 ·········· 058
- 3.1.5 各工序时间分析雷达图 ·········· 059
- 3.1.6 工序优化组合 ··············· 060
- 3.1.7 组合方案评估 ··············· 064
- 3.1.8 工位安排 ················· 065
- 3.1.9 工位安排图绘制 ············· 067

3.2 平脚针织长裤生产线平衡设计 ··········· 067
- 3.2.1 款式特点 ················· 067
- 3.2.2 工艺说明 ················· 067
- 3.2.3 工序统计 ················· 068
- 3.2.4 各工序时间分析直方图 ·········· 069
- 3.2.5 各工序时间分析雷达图 ·········· 070
- 3.2.6 工序优化组合 ··············· 070
- 3.2.7 组合方案评估 ··············· 077
- 3.2.8 工位安排 ················· 078
- 3.2.9 工位安排图绘制 ············· 079

3.3 高领针织女外套生产线平衡设计 ··········· 081
- 3.3.1 款式特点 ················· 081
- 3.3.2 工艺说明 ················· 081
- 3.3.3 工序统计 ················· 081
- 3.3.4 各工序时间分析直方图 ·········· 083

3.3.5　各工序时间分析雷达图 ……………………………… 084

3.3.6　工序优化组合 …………………………………………… 084

3.3.7　组合方案评估 …………………………………………… 091

3.3.8　工位安排 ………………………………………………… 093

3.3.9　工位安排图绘制 ………………………………………… 095

第4章　集团式生产线平衡设计

4.1　集团式生产线工位优化步骤 …………………………… 097

4.2　男衬衫生产线平衡设计 ………………………………… 097

4.2.1　款式特点 …………………………………………… 097

4.2.2　工艺说明 …………………………………………… 098

4.2.3　工序统计 …………………………………………… 098

4.2.4　各单元工位组合 …………………………………… 100

4.2.5　总工位图 …………………………………………… 125

第5章　模块式生产线平衡设计

5.1　针织运动长裤生产线平衡设计 ………………………… 127

5.1.1　款式特点 …………………………………………… 127

5.1.2　工艺说明 …………………………………………… 128

5.1.3　工序统计 …………………………………………… 128

5.1.4　各工序时间分析直方图 …………………………… 130

5.1.5　各工序时间分析雷达图 …………………………… 130

5.1.6　优化组合 …………………………………………… 131

5.1.7　组合方案评估 ……………………………………… 134

5.1.8　工位安排 …………………………………………… 136

5.1.9　工位安排图绘制 …………………………………… 137

5.2 连帽针织女外套生产线平衡设计 ············ **137**

- 5.2.1 款式特点 ············ 137
- 5.2.2 工艺说明 ············ 137
- 5.2.3 工序统计 ············ 138
- 5.2.4 各工序时间分析直方图 ············ 139
- 5.2.5 各工序时间分析雷达图 ············ 139
- 5.2.6 工序优化组合 ············ 140
- 5.2.7 组合方案评估 ············ 143
- 5.2.8 工位安排 ············ 144
- 5.2.9 工位安排图绘制 ············ 144
- 5.2.10 大篮子低位轨道传送系统示意图 ············ 145
- 5.2.11 站立式自动化设备的应用 ············ 145
- 5.2.12 常见的站立式全自动化缝纫机器图片 ············ 146

参考文献 ············ **149**

第1章 服装生产线平衡技术基本原理和标准工时案例分析

1.1 服装生产线平衡设置的基本原理

生产线平衡是对生产线所有工序进行工作负荷（Loading）分析，通过优化组合各工序使新调整后的各工序作业时间尽可能相同、相近或者成倍数比例的技术方法。

1.1.1 服装生产线平衡设置研究流程和要求

（1）生产线平衡设置研究流程

生产线平衡涉及的相关因素有制作工艺、标准作业时间、节拍、工序负荷率、平衡率、工位安排。

生产线平衡设置研究流程：领取任务；收集相关的生产任务单、样衣、工艺单、生产计划、物料品质检测报告等资料；分析缝制工艺，准备相关设备；确定标准作业时间，计算生产节拍，分析初始工序负荷率；优化组合工序，确定人员和工位数；评估平衡率；合格后绘制工位安排图；测试；最后确认。

（2）生产线平衡要求

①按工序先后顺序，合理地把作业分配给每一个工作地。

②每个工作地含作业时间要尽量接近节拍，并使自动化生产线所设工作地最少。

③各工作地空闲时间要少，而且工作地之间负荷均匀，以保证自动化生产线时间损失率最低。

1.1.2 标准工时的确定

在生产线平衡作业中，标准作业时间是基础指标。它关联标准作业和作业标准。标准作业就是把生产过程中所涉及的物料、设备、人等要素合理组合，通过减少八大浪费，以及人机技术条件有机结合，从而达到更高效的集约化作业方式。作业的标准时间就是标准作业的操作时间。标准时间包含浮余时间，即标准时间=纯加工时间+浮余时间。确定标准时间的方法有三种：秒表测定法、影像分析法、代码分析法。

(1) 秒表测定法

秒表测定法是指直接利用秒表记录工人操作时间。测试开始时,启动秒表,一直观察到作业结束,记录所经过的时间。

(2) 影像分析法

影像分析法就是用摄像机记录作业动作和操作时间,不但精确而且方便电子导出,也可以直接用计算机进行分析。

秒表测定法和影像分析法测试要求:手工作业的测定和机器作业的测定要分开,选择熟练程度较好的员工,对同类工序的工人进行观察时样品数为5个以上,每类测定20次取其平均值为该作业的纯加工时间。秒表测定法和影像分析法仍被广泛地使用。

(3) 代码分析法

代码分析法是指采用既定的动作代码来分析工序的动作以确定标准动作和标准时间。国内的代码分析法多使用春晓公司的通用车缝时间系统(GST)技术。通过采用常用的动作及使用相关设备,以动素为最小单元,形成动作代码。每个动作代码对应一个时间,以工序为单位,遵循动作的经济原则,将工序中所有动作通过动作代码串联在一起,描述车缝情境并得到标准作业时间。

分析动作遵循的原则为动作经济原则。动作经济原则又称为省工原则,指使作业(动作的组成)能以最少的"工"的投入产生最有效率的效果,达成作业目的的原则。动作经济原则偏重于手臂、手指动作,故对目视动作与细微动作研究非常适用,是动作研究及工业改良的重要参考法则。它要求两手尽可能同时使用,动作数量力求减少,动作距离尽量最短,工作状态尽量舒适。

1.1.3 生产线平衡相关指标的计算

生产线平衡相关指标有流水线节拍、工序负荷率、流水线的平衡率。

(1) 流水线节拍

节拍指流水线上生产出一件产品的时间间隔或半制品从一个工作地移至下一个工作地的间隔时间,是流水线生产组织的重要依据。

节拍也叫Take Time,通常用T.T表示。

节拍=各工序时间总和/作业人员数=$\sum t_i$/作业人员数=工作时间/目标日产量

(2) 工序负荷率

工序负荷率是指各工序的标准时间与节拍的比率。工序负荷率的计算公式:

工序负荷率=各工序的标准时间/节拍

（3）流水线的平衡率

流水线的平衡率是指流水线中产品的总操作时间与流水线的总工位数的瓶颈工序的时间和的比值，是评估流水线平衡状况的指标。

流水线的平衡率=[各工序时间总和／（工位数×瓶颈工序时间）]×100%=[$\sum t_i$／（工位数×CT）]×100%

CT：瓶颈工序时间

瓶颈工序是指一个流程中作业时间最高的工序。

1.1.4 流水线平衡度的评估标准

流水线平衡度评估标准分为三级：差，良好，优秀。

平衡率<85%，该生产线平衡率处于差水平；90%>平衡率≥85%，该生产线平衡率处于良好水平；平衡率≥90%，该生产线平衡率处于优秀水平。

1.1.5 解决瓶颈工序状况常用的法则

生产平衡方案的关键是解决瓶颈工序状况。ECRS法则是解决瓶颈达成平衡的常用方法。E是消除（Eliate），C是合并（Combine），R是重排（Rearrange），S是简化（Simplify）。

未经处理的初始的工序间的差距一般都比较大，工序间极不平衡（图1-1）。要提高流水线的平衡，可以利用自动设备消除或者简化工艺；可以将同种设备或同性质的工序合并在一起组成新工位；可以将工序重新排序进行优化组合来提高平衡度。在实际生产中，对于一些瓶颈工序可以安排技艺水平高的员工承担，以缩短作业的时间。

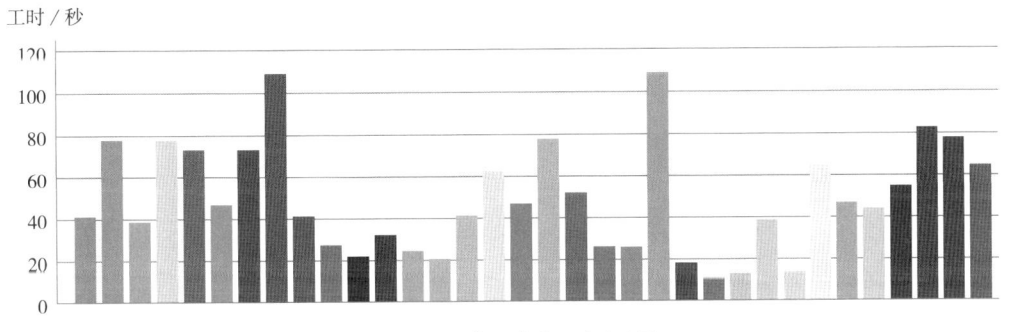

图1-1 不平衡工序的示意直方图

1.2 标准时间分析代码法实例分析

标准时间分析代码法是基于工作的经济原则和生产条件上的以动素为最小单元，各动作有对应代码的一种科学的时间分析法。既可以应用于多种工艺生产情境，又可以作为精益生产改善的基础数据库。

1.2.1 GST代码介绍

目前，国内主要使用春晓公司开发的GST代码。GST代码共分为8类，共52个代码，见表1-1。其包括缝前作业动作、缝中动作和缝后作业动作，以及熨烫包装等动作。时间单位为TMU（TMU是时间测量单位）。分为高标准MTM120和标准MTM100，MTM120为1秒=33.3TMU，MTM100为1秒=27.8TMU。

表1-1　GST动作代码表

分类		序号	动作描述	中文缩写	代码	时间（TMU）	动素
（一）基础代码	1.（5）取裁片并配对	1.1	同时取2块裁片并配对	配对同时	PDTS	74	取、取、合、抓、抓
		1.2	先后取2块裁片并配对	配对先后	PDXH	106	取、放、取、对、抓、抓
		1.3	将裁片移至压脚下	移至压脚	YZYJ	38	放、放下压脚
		1.4	单手取附件配对	配对1（手）	PD1Q	57	取、对、按
		1.5	双手取附件配对	配对2（手）	PD2Q	70	取、移、抓、对、按
	2.（7）对齐与调整	2.1	调整或对准2片裁片位置	调整（对齐）2片	TZ2P	55	取、取、对、按
		2.2	调整或对准上层裁片位置	调整（对齐）1片	TZ1P	40	取、对、按
		2.3	将裁片调整位置/抚平	调整抚平	TZFP	22	握、放
		2.4	调整握取缝合位	调整握取	TZWQ	16	握、握
		2.5	重新抓取物体	调整重抓	TZCZ	6	握（抓）
		2.6	单手控制调整裁片	调整控制	TZKZ	13	移、握
		2.7	移至另一位置	调整移位	TZYW	10	移

续表

分类		序号	动作描述	中文缩写	代码	时间（TMU）	动素
（一）基础代码	2.(7)对齐与调整	2.8	转角及放下压脚	调整转角	TZZJ	33	握、移、放下压脚
		2.9	拉上（下）拉链	拉动拉链	LDLL	24	取、拉
	3.(4)成型	3.1	折叠	成形折叠	CXZD	40	取、折、抓
		3.2	在已折叠的裁片上压上折痕	成形压痕	CXYH	30	取、压（重）、移、压（重）
		3.3	将已折叠的裁片打开	成形打开	CXDK	23	取、翻
		3.4	环口折叠并抚平	成形环抚	CXHF	82	取、折、抓（抚）、取、折、抓、抓
	4.(6)使用工具（剪线及挑角）	4.1	第一次剪线（取及放剪刀）	剪线一次	JX1C	50	取、移、剪、放
		4.2	第二次剪线（剪刀已在手上）	剪线二次	JX2C	25	移、剪
		4.3	用固定刀片剪线	剪线固定（刀片）	JXGD	30	取、拉
		4.4	剪线：用剪刀剪断成串裁片的线口	剪线成串	JXCC	49	取、移、剪、放
		4.5	第一次挑角（取及放锥子）	挑角一次	TJ1C	55	取、移、挑、放
		4.6	第二次挑角（锥子已在手上）	挑角二次	TJ2C	30	移、挑
	5.(4)放到（对准）一边	5.1	单手摆放（取）裁片	摆放一手	BF1S	23	取、放
		5.2	双手摆放（取）裁片	摆放二手	BF2S	42	取、握、放
		5.3	将部位对准一个位置	对准一位	DZ1W	27	对
		5.4	将部位对准两个位置	对准二位	DZ2W	48	对、对

续表

分类		序号	动作描述	中文缩写	代码	时间（TMU）	动素
（一）基础代码	6.(7)控制机器	6.1	控制转轮车针升降一周	控制升降	KZSJ	47	抓、转、抓、转、放
		6.2	平缝机压杆回针	控制压杆	KZYG	36	移、压、放、放
		6.3	电脑平缝机（手动）回针	控制按钮	KZAN	10	按
		6.4	电脑平缝机（自动）回针	控制回针	KZHZ	10	脚踩（车来回）
		6.5	电脑平缝机剪线（脚踩动作）	控制断线	KZDX	7	脚踩
		6.6	气动剪线（锁边车）	控制气动	KZQD	10	对
		6.7	抬（放）压脚（腿部短距离动）	控制压脚	KZYJ	9	移脚
	7.(5)点位与烫	7.1	第一次点位（取及放笔）	点位一次	DW1C	50	取、移、点、放
		7.2	再次点位（笔已在手上）	点位二次	DW2C	30	移、点
		7.3	第一次烫（取及放熨斗）	烫位一次	TW1C	50	取、移、烫、放
		7.4	第二次烫（难，熨斗已在手上）	烫位二次（难）	TW2N	25	对、烫
		7.5	第三次烫（易，熨斗已在手上）	烫位二次（易）	TW2Y	12	烫
（二）补充代码	8.(12)补充代码	8.1	走路或移动身体（一步）	挪动身体	ND	18	—
		8.2	弯腰	弯腰	WY	29	—
		8.3	起身	起身	QS	32	—
		8.4	坐下去	坐下	ZX	35	—
		8.5	站起来	起来	QL	44	—
		8.6	检查动作（眼部简单的两边比对）	目视	MS	7	—
		8.7	旋转小物件	旋转	XZ	15	—
		8.8	施力	施力	SL	14	—

续表

分类		序号	动作描述	中文缩写	代码	时间（TMU）	动素
（二）补充代码	8.（12）补充代码	8.9	写一个笔画	写一个笔画	XYBH	12	—
		8.10	写一个字母	写一个字母	XYZM	25	—
		8.11	写一个数字	写一个数字	XYSZ	17	—
		8.12	写一个标点	写一个标点	XYBD	10	—

另外，还有一个手工代码是划线代码，其组成为"D+长度+线迹类型+划线类别"，线迹类型分为直线和弧线。直线用"N"表示，附加系数为"1"。弧线用"L"表示，附加系数为"1.1"。划线类型分为第一次划线、第二次划线，第一次划线用"A"表示，附加时间为30TMU，第二次划线用"B"表示，附加时间为10TMU。每1cm划线时间=1.5TMU。例如，画一条"15直线+20弧线"的线段，表示为D15NA+D20LB，总时间=D15NA+D20LB=（15×1.5×1+30）+（20×1.5×1.1+10）=52.5+43=95.5TMU。

52代码在动作分析中的选取更多偏向以动素为依据。当作业中的细小动作与代码中的动素完全对应时，不同作业动作可以使用同一代码。例如TZFP，可以用在抚平衣片，可以取移衣片，可以是小于90°转动衣片等。有些动作较复杂，可能需要用到2个代码表达一个完整的作业动作。52代码主要描述手工动作，通过代码可以获取标准的动作时间，对应的时间是纯加工时间。

标准时间=纯加工时间×（1+浮余率）

生产中的作业时间=手工时间+机器时间

总作业时间=手工时间+机器时间=手工纯加工时间×手工浮余率+机器纯加工时间×机器浮余率

GST系统中，机器时间编码分为人工连续操作机器和自循环运行机器。人工连续操作机器主要是各种缝纫机，如半缝机、包缝机、绷缝机、撬边机、锁链机、绱袖机等。自动操作机器有套结机、挖袋机、钉扣机、锁眼机、模板机等。需要人工连续操作的机器作业用F（缝制机）表示，即：F+长度+控制难度+停车精准。难度是指控制不同缉缝类型所产生的紧张程度，缉缝单层线的难度为"无难度"，用"N"表示，补偿时间系数为1。双层或多层的暗的直线，难度为"低难度"，用"L"表示，补偿时间系数为1.1。暗的弯线或明的直线，难度为"中等难度"，用"M"表示，补偿时间系数为1.2。弯的明线，难度为"高等"，用"H"表示，补偿时间系数为1.3。停车精准紧张程度指控制不同停车精准度所产生的紧张程度，缉缝中间停车的精准度为"大约停"，用"A"表示，增加的时间为0。缉缝回针处停车的精准度为"准确停"，用"B"表示，增加的时间为9TMU。缉缝转角处停车的精准度为"精准停",用"C"表示,增加的时间为20TMU。例如,平缝机缉缝30cm双层的明线的弧线线段,然后回车,编码为F30HB。再如,缉27cm多层的暗的直线线段,并转角,编码为F27LC。自循环运行机器用Z(专车)表示,即:Z+时间。时间单位为TMU,指一个循环的时间。编码完成后,输入GST系统,可以得到相应的标准操作时间、每个工序的工资及小时产量。利用它可以实现快速报价、计算工资、计算产量、设计生产线平衡方案。例如,打套结一个,套结机自循环一次,时间为33TM,编码为Z33。在所有的工作中,如果相同动作有重复,用频率来表示。

利用GST系统可以对整件服装的工艺动作进行科学的可量化分析。先进行工序词库分析,再进行部件分析,最后进行款式分析。分析过的数据可形成工序颗粒、部件颗粒。这些颗粒资料也可以经过修改组成新的款式。相类似的款式也可以调用并修改成新的款式。

在软件系统中,标准工时设置关联了设备种类、面料的类型、工序的难度、线迹密度。设备的种类指设备的机型、特性、速度、智能程度、有无夹具等区别。面料的类型指面料的厚度、弹性、光滑程度、疏密度、是否散口等区别。工序的难度指工艺制作的难易程度。由于线迹的密度不同,作业标准时间也不同。春晓公司GST系统标准工时分析界面如图1-2所示。

图1-2 春晓公司GST系统标准工时分析界面

1.2.2 圆领针织T恤缝制作业标准时间分析

常见的针织单品可分为针织T恤、针织外套、针织连衣裙、针织裤等。机织单品可分为衬衫、半截裙、裤子、连衣裙、外套、风衣等。下面以针织T恤单品为例分析代码法定标准时间。

（1）款式特点

罗纹圆领，后领缉织带牵条的短袖针织T恤。

（2）工艺说明（图1-3）

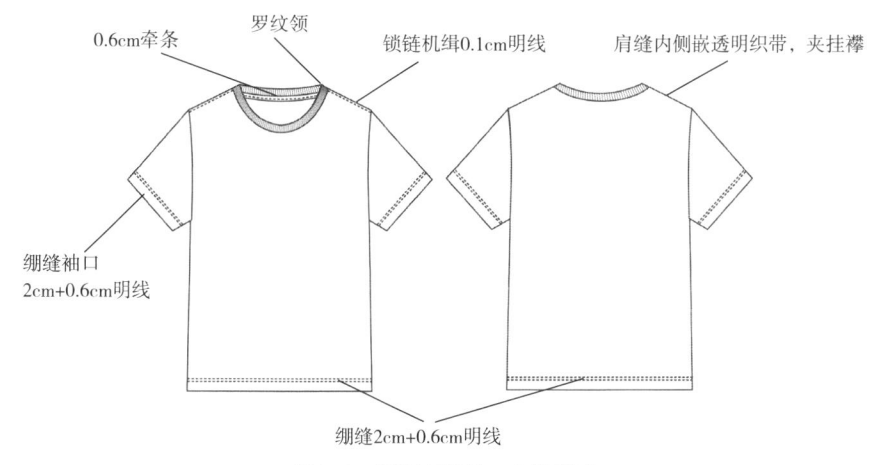

图1-3 圆领针织T恤工艺说明图

（3）工序统计

按照工艺要求，利用GST系统进行产品作业动作分析，并由系统得到相应的标准作业时间。设定生产条件为吊挂传输系统，生产线计划配置工人为10人（表1-2）。工人的技能水平定为100%，设备配置状态理想。

表1-2 圆领针织T恤各工序IE工作分析表

序号	工序描述	标准时间/分钟	机器类型
1	吊挂系统挂片（身片×2+袖片×2+领片×1）	0.2	手工
2	包缝机缝合肩缝加透明胶带（直线/14.5cm）2条×1	0.4	四线包缝机
3	单针锁链机缉肩缝明线（直线/14.5cm+14.5cm）2条×1	0.4	单针锁链机
4	平缝机缝合领圈（直线/5cm）1条×1	0.2	单针平缝机
5	包缝机绱领（曲线/55cm）1条×1	0.3	四线包缝机
6	平缝机绱牵条（直线/19cm）1条×1	0.2	单针平缝机
7	平缝机缉牵条下沿边0.1cm明线（直线/1cm+19cm+1cm）1条×1	0.5	单针平缝机
8	双针绷缝机缝合领圈0.6cm明线（直线/55cm）1条×1	0.3	双针三线绷缝机

续表

序号	工序描述	标准时间/分钟	机器类型
9	包缝机绱袖（直线/51cm）2条×1	0.9	四线包缝机
10	包缝机缝合袖底缝及侧缝（直线/10cm+44cm）2条×1	0.9	四线包缝机
11	双针绷缝机缉缝袖口（直线/36cm）2条×1+下摆（直线/108cm）1条×1	1.1	双针三线绷缝机
12	套结机打套结4个×1	0.2	电脑套结机

（4）各工序动作分析

按照各作业的工艺要求，以工作经济为原则，灵活应用GST代码，使用春晓GST系统进行动作分析，并获取标准作业时间。

①吊挂系统挂片（身片×2+袖片×2+领片×1）动作分析（表1-3）。

表1-3 吊挂系统挂片动作分析表

序号	动作代码	动作描述	频率	机器时间/TMU	人工时间/TMU
5	BF1S	单手取裁片	1	0	23/20片
6	DZ1W	对准一点扫描	1	0	27/20片
7	TZYW	移至另一位置	1	0	10/20片
1	PDXH	先后取2块裁片并配对	2	0	212
2	TZYW	移至另一位置	2	0	20
3	BF1S	单手取裁片	1	0	23
4	TZYW	移至另一位置	1	0	10
8	KZAN	电脑车（手动）回针	1	0	10
总计		0.2秒			

注 一捆裁片为20片。

②包缝机缝合肩缝加透明胶带（直线/14.5cm）2条×1动作分析（表1-4）。

表1-4 包缝机缝合肩缝加透明胶带动作分析表

序号	动作代码	动作描述	频率	机器时间/TMU	人工时间/TMU
1	PDTS	同时取2块裁片并配对	1	0	74
2	TZWQ	调整握取缝合位	1	0	16

续表

序号	动作代码	动作描述	频率	机器时间/TMU	人工时间/TMU
3	YZYJ	将裁片移至压脚下	1	0	38
4	F1LA	缉缝1cm双层或多层暗的直线，大约停	1	19	0
5	TZ2P	调整或对准2片裁片位置	1	0	55
6	TZWQ	调整握取缝合位	1	0	16
7	F13.5LA	缉缝13.5cm双层或多层暗的直线，大约停	1	40	0
8	PDTS	同时取2块裁片并配对	1	0	74
9	YZYJ	将裁片移至压脚下	1	0	38
10	F3LA	缉缝3cm双层或多层暗的直线，大约停	1	23	0
11	PD1Q	单手取附件配对	1	0	57
12	TZWQ	调整握取缝合位	1	0	16
13	F11.5LA	缉缝11.5cm双层或多层暗的直线，大约停	1	37	0
14	TZYW	移至另一位置	1	0	10
15	JX1C	第一次剪线（取及放剪刀）	1	0	50
16	JXCC	用剪刀剪断成串裁片的线口	1	0	49
17	KZAN	电脑平缝机（手动）回针	1	0	10
总 计		0.4秒			

③单针锁链机缉肩缝明线（直线/14.5cm+14.5cm）2条×1动作分析（表1-5）。

表1-5 单针锁链机缉肩缝明线动作分析表

序号	动作代码	动作描述	频率	机器时间/TMU	人工时间/TMU
1	BF1S	单手摆放裁片	1	0	23
2	CXZD	折叠	1	0	40
3	TZKZ	单手控制调整裁片	1	0	13
4	YZYJ	将裁片移至压脚下	1	0	38
5	TZYW	移至另一位置	1	0	10

续表

序号	动作代码	动作描述	频率	机器时间/TMU	人工时间/TMU
6	TZWQ	调整握取缝合位	1	0	16
7	F14.5MA	缉缝14.5cm直的明线或暗的弯线，大约停	1	58	0
8	YZYJ	将裁片移至压脚下	1	0	38
9	TZYW	移至另一位置	1	0	10
10	TZWQ	调整握取缝合位	1	0	16
11	F14.5MA	缉缝14.5cm直的明线或暗的弯线，大约停	1	58	0
12	TZKZ	单手控制调整裁片	1	0	13
13	BF1S	单手摆放裁片	1	0	23
14	CXZD	折叠	1	0	40
15	JX1C	第一次剪线（取及放剪刀）	1	0	50
16	JXCC	用剪刀剪断成串裁片的线口	1	0	49
17	TZCZ	重新抓取物体	1	0	6
18	BF1S	单手摆放裁片	1	0	23
总计		0.4秒			

④平缝机缝合领圈（直线/5cm）1条×1动作分析（表1-6）。

表1-6 平缝机缝合领圈动作分析表

序号	动作代码	动作描述	频率	机器时间/TMU	人工时间/TMU
1	PDXH	先后取2块裁片并配对	1	0	106
2	TZWQ	调整握取缝合位	1	0	16
3	YZYJ	将裁片移至压脚下	1	0	38
4	KZHZ	电脑平缝机（自动）回针	1	0	10
5	F5LB	缉缝5cm双层或多层暗的直线，准确停	1	54	0
6	KZHZ	电脑平缝机（自动）回针	1	0	10
7	BF1S	单手摆放裁片	1	0	23
总计		0.2秒			

⑤包缝机绱领（曲线/55cm）1条×1动作分析（表1-7）。

表1-7 包缝机绱领动作分析表

序号	动作代码	动作描述	频率	机器时间/TMU	人工时间/TMU
1	BF1S	单手摆放裁片	1	0	23
2	CXFK	将已折叠裁片翻开（合上）	1	0	23
3	TZKZ	单手控制调整裁片	1	0	13
4	YZYJ	将裁片移至压脚下	1	0	38
5	TZFP	将裁片调整位置/抚平	2	0	44
6	TZ2P	调整或对准2片裁片位置	1	0	55
7	F20MA	缉缝20cm直的明线或暗的弯线，大约停	1	53	0
8	TZFP	将裁片调整位置/抚平	1	0	22
9	F5MA	缉缝5cm直的明线或暗的弯线，大约停	1	28	0
10	F25MA	缉缝25cm直的明线或暗的弯线，大约停	1	62	0
11	TZ2P	调整或对准2片裁片位置	1	0	55
12	BF2S	双手摆放裁片	1	0	42
总 计					0.3秒

⑥平缝机缉牵条（直线/19cm）1条×1动作分析（表1-8）。

表1-8 平缝机缉牵条动作分析表

序号	动作代码	动作描述	频率	机器时间/TMU	人工时间/TMU
1	BF1S	单手摆放裁片	1	0	23
2	TZCZ	重新抓取物体	1	0	6
3	CXZD	折叠	1	0	40
4	YZYJ	将裁片移至压脚下	1	0	38
5	F1MA	缉缝1cm直的明线或暗的弯线，大约停	1	28	0
6	TZFP	将裁片调整位置/抚平	1	0	22
7	F19.MA	缉缝19cm直的明线或暗的弯线，大约停	1	69	0
8	TZYW	移至另一位置	1	0	10

续表

序号	动作代码	动作描述	频率	机器时间/TMU	人工时间/TMU
9	JX1C	第一次剪线（取及放剪刀）	1	0	50
10	JX2C	再次剪线（剪刀已在手上）	1	0	25
11	KZAN	电脑平缝机（手动）回针	1	0	10
总计				0.2秒	

⑦平缝机缉牵条下沿边0.1cm明线（直线／1cm+19cm+1cm）1条×1（表1-9）。

表1-9　平缝机缉牵条下沿边0.1cm明线动作分析表

序号	动作代码	动作描述	频率	机器时间/TMU	人工时间/TMU
1	BF1S	单手摆放裁片	1	0	23
2	TZCZ	重新抓取物体	1	0	6
3	TZFP	将裁片调整位置／抚平	1	0	22
4	YZYJ	将裁片移至压脚下	1	0	38
5	TZWQ	调整握取缝合位	1	0	16
6	TZYW	移至另一位置	1	0	10
7	TZZJ	转角及放下压脚	1	0	33
8	KZHZ	电脑平缝机（自动）回针	1	0	10
9	TZZJ	转角及放下压脚	1	0	33
10	TZFP	将裁片调整位置／抚平	1	0	22
11	F15MA	缉缝15cm直的明线或暗的弯线，大约停	1	72	0
12	TZWQ	调整握取缝合位	1	0	16
13	F4MC	缉缝4cm直的明线或暗的弯线，精确停	1	61	0
14	TZZJ	转角及放下压脚	1	0	33
15	F1MC	缉缝1cm直的明线或暗的弯线，精确停	1	48	0
16	TZYW	移至另一位置	1	0	10
17	TZKZ	单手控制调整裁片	1	0	13
18	JX1C	第一次剪线（取及放剪刀）	1	0	50
19	TZKZ	单手控制调整裁片	1	0	13
20	JX2C	再次剪线（剪刀已在手上）	1	0	25

续表

序号	动作代码	动作描述	频率	机器时间/TMU	人工时间/TMU
21	TZCZ	重新抓取物体	1	0	6
22	JX2C	再次剪线（剪刀已在手上）	1	0	25
23	TZKZ	单手控制调整裁片	1	0	13
24	BF2S	双手摆放裁片	1	0	42
25	TZFP	将裁片调整位置／抚平	1	0	22
26	MS	检查动作	1	0	7
总计			0.5秒		

⑧双针三线绷缝机缉领圈0.6cm明线（直线／55cm）1条×1动作分析（表1-10）。

表1-10 双针绷缝机缉领圈0.6cm明线动作分析表

序号	动作代码	动作描述	频率	机器时间/TMU	人工时间/TMU
1	BF1S	单手摆放裁片	1	0	23
2	TZCZ	重新抓取物体	1	0	6
3	YZYJ	将裁片移至压脚下	1	0	38
4	F17HA	缉缝17cm弯的明线，大约停	1	67	0
5	TZFP	将裁片调整位置／抚平	1	0	22
6	F17HA	缉缝17cm弯的明线，大约停	1	67	0
7	TZFP	将裁片调整位置／抚平	1	0	22
8	F15HA	缉缝15cm弯的明线，大约停	1	61	0
9	F4HB	缉缝4cm弯的明线，准确停	1	42	0
10	TZYW	移至另一位置	1	0	10
11	KZDX	电脑平缝机剪线	1	0	7
12	JX1C	第一次剪线（取及放剪刀）	1	0	50
13	JX2C	再次剪线（剪刀已在手上）	1	0	25
14	TZCZ	重新抓取物体	1	0	6
15	JX2C	再次剪线（剪刀已在手上）	1	0	25
16	KZAN	电脑平缝机（手动）回针	1	0	10
总计			0.3秒		

⑨包缝机绱袖（直线／51cm）2条×1动作分析（表1-11）。

表1-11 包缝机绱袖动作分析表

序号	动作代码	动作描述	频率	机器时间／TMU	人工时间／TMU
1	BF2S	双手摆放裁片	1	0	42
2	TZKZ	单手控制调整裁片	1	0	13
3	TZFP	将裁片调整位置／抚平	1	0	22
4	YZYJ	将裁片移至压脚下	1	0	38
5	BF2S	双手摆放裁片	1	0	42
6	PD2Q	双手取附件配对	1	0	70
7	F3LA	缉缝3cm双层或多层暗的直线，大约停	1	23	0
8	TZ2P	调整或对2片裁片位置	1	0	55
9	F16LA	缉缝16cm双层或多层暗的直线，大约停	1	43	0
10	TZFP	将裁片调整位置／抚平	1	0	22
11	TZ2P	调整或对准2片裁片位置	1	0	55
12	DZ1W	将部件对准一个位置	1	0	27
13	F5LA	缉缝5cm双层或多层暗的直线，大约停	1	27	0
14	TZFP	将裁片调整位置／抚平	1	0	22
15	TZ2P	调整或对准2片裁片位置	1	0	55
16	F14LA	缉缝14cm双层或多层暗的直线，大约停	1	40	0
17	TZ2P	调整或对准2片裁片位置	1	0	55
18	F13LA	缉缝13cm双层或多层暗的直线，大约停	1	38	0
19	TZKZ	单手控制调整裁片	1	0	13
20	CXZD	折叠	1	0	40
21	YZYJ	将裁片移至压脚下	1	0	38
22	PD2Q	双手取附件配对	1	0	70
23	F3LA	缉缝3cm双层或多层暗的直线，大约停	1	23	0
24	TZ2P	调整或对准2片裁片位置	1	0	55
25	F16LA	缉缝16cm双层或多层暗的直线，大约停	1	43	0
26	TZFP	将裁片调整位置／抚平	1	0	22

续表

序号	动作代码	动作描述	频率	机器时间/TMU	人工时间/TMU
27	TZ2P	调整或对准2片裁片位置	1	0	55
28	DZ1W	将部件对准一个位置	1	0	27
29	F5LA	缉缝5cm双层或多层暗的直线，大约停	1	27	0
30	TZFP	将裁片调整位置/抚平	1	0	22
31	TZ2P	调整或对准2片裁片位置	1	0	55
32	F14LA	缉缝14cm双层或多层暗的直线，大约停	1	40	0
33	TZ2P	调整或对准2片裁片位置	1	0	55
34	F13LA	缉缝13cm双层或多层暗的直线，大约停	1	38	0
35	BF1S	单手摆放裁片	1	0	23
36	KZAN	电脑平缝机（手动）回针	1	0	10
总计			0.9秒		

⑩包缝机缝合袖底及侧缝（直线/10cm+44cm）2条×1动作分析（表1–12）。

表1–12　包缝机缝合袖底及侧缝动作分析表

序号	动作代码	动作描述	频率	机器时间/TMU	人工时间/TMU
1	BF1S	单手摆放裁片	1	0	23
2	TZKZ	单手控制调整裁片	1	0	13
3	CXZD	折叠	1	0	40
4	PDXH	先后取2块裁片并配对	1	0	106
5	TZFP	将裁片调整位置/抚平	1	0	22
6	YZYJ	将裁片移至压脚下	1	0	38
7	F3LA	缉缝3cm双层或多层暗的直线，大约停	1	23	0
8	TZ2P	调整或对准2片裁片位置	1	0	55
9	F38LA	缉缝38cm双层或多层暗的直线，大约停	1	80	0
10	TZ2P	调整或对准2片裁片位置	1	0	55
11	TZ2P	调整或对准2片裁片位置	1	0	55

续表

序号	动作代码	动作描述	频率	机器时间／TMU	人工时间／TMU
12	DZ1W	将部件对准一个位置	1	0	27
13	F5LA	缉缝5cm双层或多层暗的直线，大约停	1	27	0
14	TZ2P	调整或对准2片裁片位置	1	0	55
15	F8LA	缉缝8cm双层或多层暗的直线，大约停	1	30	0
16	TZYW	移至另一位置	1	0	10
17	JX1C	第一次剪线（取及放剪刀）	1	0	50
18	JXCC	用剪刀剪断成串裁片的线口	1	0	49
19	BF2S	双手摆放裁片	1	0	42
20	YZYJ	将裁片移至压脚下	1	0	38
21	F6LA	缉缝6cm双层或多层暗的直线，大约停	1	27	0
22	PD1Q	单手取附件配对	1	0	57
23	PDTS	同时取2块裁片并配对	1	0	74
24	TZKZ	单手控制调整裁片	1	0	13
25	F5LA	缉缝5cm双层或多层暗的直线，大约停	1	27	0
26	TZKZ	单手控制调整裁片	1	0	13
27	TZYW	移至另一位置	1	0	10
28	JX1C	第一次剪线（取及放剪刀）	1	0	50
29	TZFP	将裁片调整位置／抚平	1	0	22
30	TZ2P	调整或对准2片裁片位置	1	0	55
31	F30LA	缉缝30cm双层或多层暗的直线，大约停	1	66	0
32	TZ2P	调整或对准2片裁片位置	1	0	55
33	DZ1W	将部件对准一个位置	1	0	27
34	KZYJ	抬起（放下）压脚	1	0	9
35	JX1C	第一次剪线（取及放剪刀）	1	0	50
36	BF1S	单手摆放裁片	1	0	23
总　计				0.9秒	

⑪双针绷缝机缉缝袖口（直线/36cm）2条×1+下摆（直线/108cm）1条×1动作分析（表1-13）。

表1-13 双针绷缝机缉缝袖口动作分析表

序号	动作代码	动作描述	频率	机器时间/TMU	人工时间/TMU
1	BF2S	双手摆放裁片	1	0	42
2	TZKZ	单手控制调整裁片	1	0	13
3	CXZD	折叠	1	0	40
4	YZYJ	将裁片移至压脚下	1	0	38
5	TZFP	将裁片调整位置/抚平	1	0	22
6	TZKZ	单手控制调整裁片	1	0	13
7	F35MA	缉缝35cm直的明线或暗的弯线，大约停	1	105	0
8	TZFP	将裁片调整位置/抚平	1	0	22
9	TZKZ	单手控制调整裁片	1	0	13
10	F35MA	缉缝35cm直的明线或暗的弯线，大约停	1	105	0
11	TZFP	将裁片调整位置/抚平	1	0	22
12	TZKZ	单手控制调整裁片	1	0	13
13	F38MA	缉缝38cm直的明线或暗的弯线，大约停	1	113	0
14	KZDX	电脑车剪线	1	0	7
15	TZYW	移至另一位置	1	0	10
16	JX1C	第一次剪线（取及放剪刀）	1	0	50
17	JX2C	再次剪线（剪刀已在手上）	1	0	25
18	TZCZ	重新抓取物体	1	0	6
19	JXCC	用剪刀剪断成串裁片的线口	1	0	49
20	JX2C	再次剪线（剪刀已在手上）	1	0	25
21	BF2S	双手摆放裁片	1	0	42
22	TZKZ	单手控制调整裁片	1	0	13
23	YZYJ	将裁片移至压脚下	1	0	38
24	TZFP	将裁片调整位置/抚平	1	0	22
25	F30MA	缉缝30cm直的明线或暗的弯线，大约停	1	93	0

续表

序号	动作代码	动作描述	频率	机器时间／TMU	人工时间／TMU
26	TZWQ	调整握取缝合位	1	0	16
27	F6MB	缉缝6cm直的明线或暗的弯线，准确停	1	41	0
28	KZDX	电脑平缝机断线	1	0	7
29	TZYW	移至另一位置	1	0	10
30	JX1C	第一次剪线（取及放剪刀）	1	0	50
31	JX2C	再次剪线（剪刀已在手上）	1	0	25
32	TZCZ	重新抓取物体	1	0	6
33	JX1C	第一次剪线（取及放剪刀）	1	0	50
34	JX2C	再次剪线（剪刀已在手上）	1	0	25
35	CXFK	将已折叠裁片翻开（合上）	1	0	23
36	TZKZ	单手控制调整裁片	1	0	13
37	YZYJ	将裁片移正压脚下	1	0	38
38	TZFP	将裁片调整位置／抚平	1	0	22
39	F30MA	缉缝30cm直的明线或暗的弯线，大约停	1	93	0
40	TZWQ	调整握取缝合位	1	0	16
41	F6MB	缉缝6cm直的明线或暗的弯线，准确停	1	41	0
42	KZDX	电脑平缝机断线	1	0	7
43	TZYW	移至另一位置	1	0	10
44	JX1C	第一次剪线（取及放剪刀）	1	0	50
45	JX2C	再次剪线（剪刀已在手上）	1	0	25
46	TZCZ	重新抓取物体	1	0	6
47	JX1C	第一次剪线（取及放剪刀）	1	0	50
48	JX2C	再次剪线（剪刀已在手上）	1	0	25
49	BF1S	单手摆放裁片	1	0	23
50	KZAN	电脑平缝机（手动）回针	1	0	10
总　计			1.1秒		

⑫套结机打套结4个×1动作分析（表1-14）。

表1-14 套结机打套结动作分析表

序号	动作代码	动作描述	频率	机器时间/TMU	人工时间/TMU
1	BF2S	双手摆放裁片	1	0	42
2	TZKZ	单手控制调整裁片	4	0	52
3	YZYJ	将裁片移至压脚下	4	0	152
4	Z33.3	专机循环	4	133.2	0
5	BF2S	双手摆放裁片	1	0	42
总 计				0.2秒	

利用GST系统进行工艺分析和计算标准动作科学、经济，并能逐渐积累越来越多的数据，形成企业内部的产品标准作业数据库，可以为日常的工艺管理、培训、报价及保证生产线平衡提供有利的条件。但是，作业的标准时间与生产条件紧密相关，不同的企业生产条件不同，即使工艺相同，标准时间也不同。

第2章　单件流U型吊挂线生产线平衡设计

在单件生产流程中，基本上只有一个生产件或小批量（5件以下）在各道工序之间流动，整个生产过程随单件生产流程的进行一直保持流动。单件流是构成精益生产价值链的最高境界。

单件流U型吊挂线生产线的特点：生产线上传达的半成品数量为5件以下，按照一定的节拍连续流动，流水线排列的方式为U线型，材料的投入口和成品的回收口在同一侧，如图2-1、图2-2所示。

图2-1　U型吊挂线生产线现场　　　　　图2-2　U型吊挂线生产线示意图

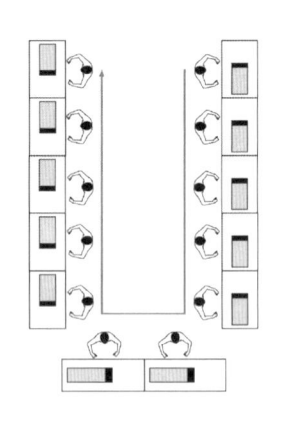

2.1　POLO针织衫生产线平衡设计

2.1.1　款式特点

扁机领，半开襟，短袖POLO针织衫。

2.1.2 工艺说明（图2-3）

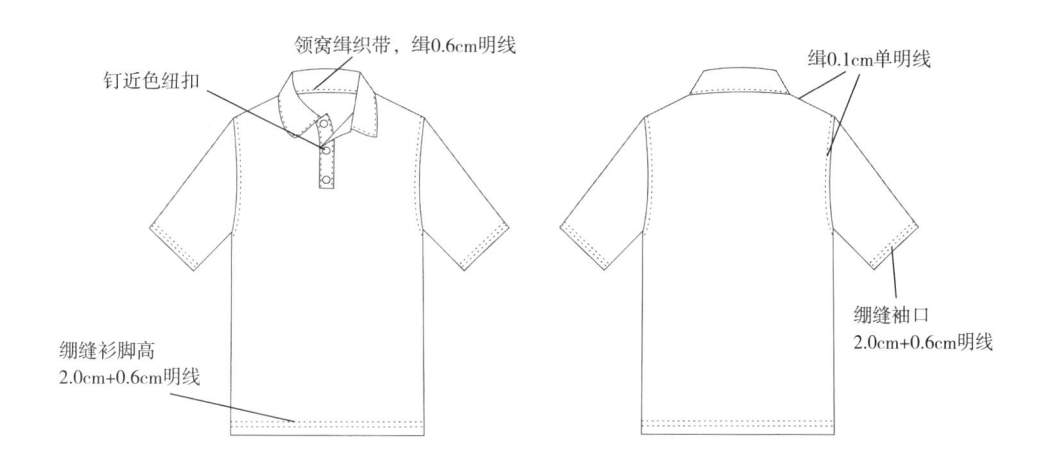

图2-3 POLO针织衫工艺说明图

2.1.3 工序统计

对POLO针织衫工艺进行分析，整理生产工艺和确定各工序的标准工作时间（表2-1）。

表2-1 POLO针织衫工序统计表

作业	工序号	部件	工序名称	机器设备	工时/秒
车间	1	裁片	挂片（前片×1，后片×1，袖片×2，领子×1）	手工	21
	2	门襟	粘衬机烫胸襟贴衬×2	手工	16.0
	3	门襟	烫胸襟贴边×2	手工	28.0
	4	领子	包缝机切修岁纹领止口×1	包缝机	14.0
	5	前片	手工点前片胸襟位×1	手工	8.0
	6	前片	平缝机缉缝胸襟贴边连剪开胸襟×1	平缝机	64.0
	7	组合	包缝机缉缝袖缝和侧缝及肩带×2	包缝机	24.5
	8	组合	平缝机缉肩缝0.1cm单明线×2	平缝机	21.0
	9	组合	平缝机绱扁机领两端连点扁机领肩位×1	平缝机	32.5
	10	组合	包缝机绱扁机领×1	包缝机	33.0

续表

作业	工序号	部件	工序名称	机器设备	工时/秒
车间	11	组合	平缝机缉缝领围织带×1	平缝机	32.5
	12	组合	平缝机封压后领织带×1	平缝机	56.0
	13	组合	缉缝门襟明线连包住领脚连缉胸襟连剪三角×1	平缝机	165.0
	14	组合	包缝机绱袖×2及包缝胸襟底（2.5cm）×1	包缝机	62.0
	15	组合	平缝机缉袖面0.1cm明线×2	平缝机	50.0
	16	组合	平缝机缉胸襟底边×2	平缝机	12.0
	17	组合	包缝机缉缝袖缝和侧缝及洗水唛×2	包缝机	56.0
	18	组合	绷缝机绷缝袖口（2.0cm+0.6cm）明线×2	绷缝机	46.0
	19	组合	绷缝机绷缝下脚（2.0cm+0.6cm）明线×1	绷缝机	42.0
后道	20	钉扣	手工点胸襟扣眼位×2	手工	10.0
	21	钉扣	手工点胸襟扣眼位×2	手工	1.5
	22	钉扣	锁扣眼×2	锁眼车	26.0
	23	钉扣	钉纽扣×3	钉扣机	36.0
	24	查片	查片×1	手工	56.0
	25	整烫	整烫×1	手工	52.0
	26	查片	尾查×1（度尺）	手工	32.0
	27	包装	吊牌贴纸×1	手工	15.5
	28	包装	成品分色分码×1	手工	7.1
	29	包装	挂吊牌×1	手工	7.0
	30	包装	包装×1(枕胶袋/两张拷贝纸)	手工	36.0
	31	包装	贴胶袋贴纸×1	手工	7.1
	32	验针	验针装箱×1	手工	19.0

2.1.4 各工序时间分析直方图

根据POLO针织衫工序统计表分析得出其各工序时间分析直方图（图2-4）。

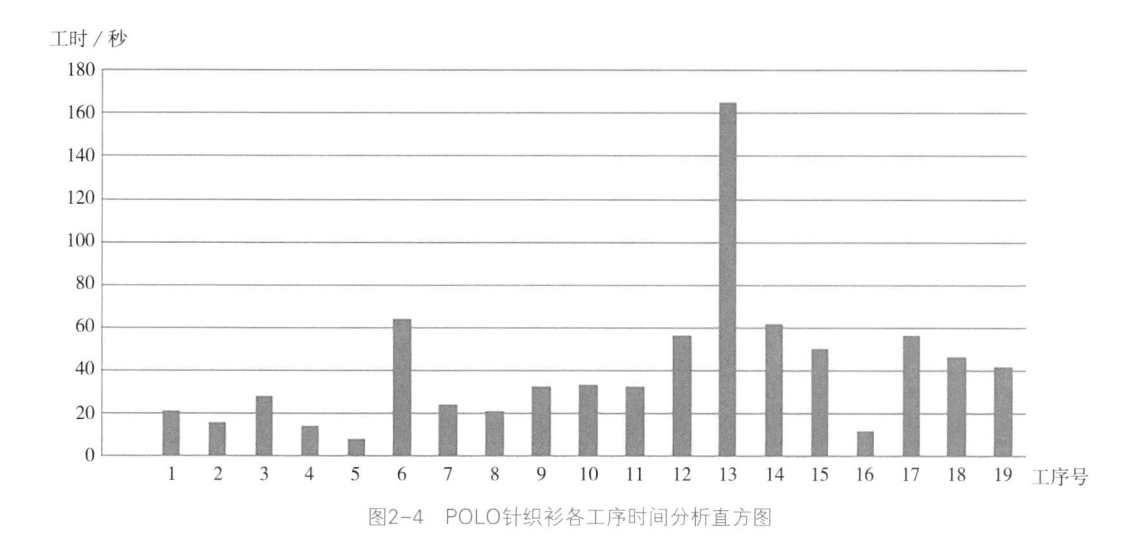

图2-4 POLO针织衫各工序时间分析直方图

2.1.5 各工序时间分析雷达图

根据POLO针织衫工序统计表分析得出其各工序时间分析雷达图（图2-5）。

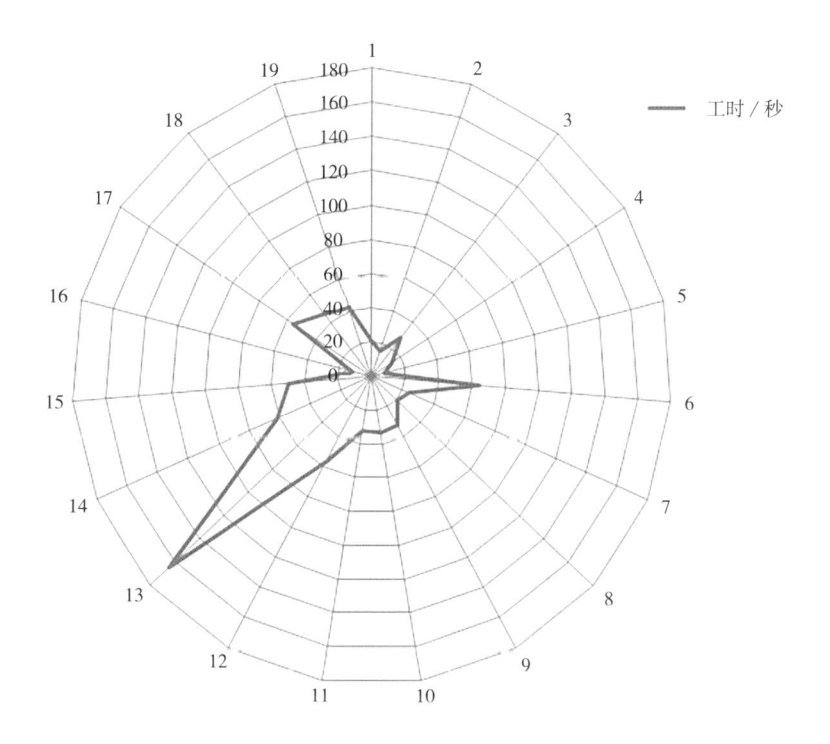

图2-5 POLO针织衫各工序时间分析雷达图

由直方图明显看出第13个工序是工时最多的工序，为165.0秒，是瓶颈工序。第5个工序是工时最低的工序，为8.0秒，两者的差值为157秒，比值为8∶165.0=1∶20.6倍。由雷达图明显看出整体工序的时间较分散，会导致生产线整体效率不高，需要做工序的优化组合。

2.1.6　工序优化组合

POLO针织衫拟目标日产量为740件。若按日工作时间为8小时，生产线节拍=工作时间/目标日产量=28800/740=38.9（秒）。本案例POLO针织衫的加工时间共783.5秒。38.9秒不在100~300秒的范围，可以调节节拍的倍数，采用3~5件流来增大节拍的时间，减少传递节奏的压力。按照加工的顺序，按同种性质的工种进行组合，组合后的工序时间接近节拍或是节拍的倍数。组合后的工序未出现逆流的情况。

（1）负荷率计算

负荷率=工序工时/节拍

利用工序统计表算出所有工序的负荷率（表2-2）。

表2-2　POLO针织衫车间工序负荷率表

工序号	部件	工序名称	机器设备	工时/秒	工序负荷率
1	裁片	挂片（前片×1，后片×1，袖片×2，领子×1）	手工	21	0.54
2	门襟	粘衬机烫胸襟贴衬×2	手工	16.0	0.41
3	门襟	烫胸襟贴边×2	手工	28.0	0.72
4	领子	包缝机切修罗纹领止口×1	包缝机	14.0	0.36
5	前片	手工点前片胸襟位×1	手工	8.0	0.21
6	前片	平缝机缉缝胸襟贴边连剪开胸襟×1	平缝机	64.0	1.65
7	组合	包缝机缉缝袖缝和侧缝及肩带×2	包缝机	24.5	0.63
8	组合	平缝机缉肩缝0.1cm单明线×2	平缝机	21.0	0.54
9	组合	平缝机绱扁机领两端连点扁机领肩位×1	平缝机	32.5	0.84
10	组合	包缝机绱扁机领×1	包缝机	33.0	0.85
11	组合	平缝机缉缝领围织带×1	平缝机	32.5	0.84
12	组合	平缝机封压后领织带×1	平缝机	56.0	1.44
13	组合	缉缝门襟明线连包住领脚连缉胸襟连剪三角×1	平缝机	165.0	4.24
14	组合	包缝机绱袖×2及包缝胸襟底（2.5cm）×1	包缝机	62.0	1.59

续表

工序号	部件	工序名称	机器设备	工时/秒	工序负荷率
15	组合	平缝机缉袖面0.1cm明线×2	平缝机	50.0	1.29
16	组合	平缝机缉胸襟底边×2	平缝机	12.0	0.31
17	组合	包缝机缉缝袖缝和侧缝及洗水唛×2	包缝机	56.0	1.44
18	组合	绷缝机绷缝袖口（2.0cm+0.6cm）明线×2	绷缝机	46.0	1.18
19	组合	绷缝机绷缝下脚（2.0cm+0.6cm）明线×1	绷缝机	42.0	1.08
总 计				783.5秒	

（2）组合分析

根据工序负荷率表进行工序优化组合编排。

①工序1负荷率为0.54，工序2为0.41，都是手工作业，负荷率相加为0.95，接近节拍，可以组合为1个工位。

②工序3是手工作业，工序4是包缝作业，工种不同，但工序5是手工作业，将工序3和工序5组合，负荷率相加为0.93，较接近1倍的条件。基于这种情况，将工序4和工序5互换位置。

③工序4是包缝作业，负荷率是0.36，需要和其他同种工序相加。向下寻找，最近的是工序7。工序6是平缝作业，不适合组合在一起。互换工序6和工序7的位置，明显看出工序4和工序7适合组合，且不会造成加工中的在制品倒流的状况，工序4和工序7负荷率相加为0.99，非常接近节拍的1倍，适合组合为1个工位。

④工序6和工序8都是平缝作业，半成品流动方向为正向（正向指流程图中的由上向下方向）。工序6和工序8组合，负荷率相加为2.19。可由2人承担，平均负荷率为1.095，接近节拍的1倍关系，适合组合为2个工位。

⑤工序9的负荷率为0.84，可以单独作为1个工位。

⑥工序10的负荷率为0.85，也可单独作为1个工位。

⑦工序11和工序12都是同种工序，工序11的负荷率为0.84，工序12的负荷率为1.44，负荷率相加为2.28，接近节拍的2倍，可以由2人承担，平均负荷率为1.14，可以组合为2个工位。

⑧工序13的负荷率为4.24，可以独立为4个工位，由4人承担，平均负荷率为1.06，接近节拍，可以组合为4个工位。

⑨工序14和工序17是同种工序，将工序17调到工序15的前面，工序14和工序17组

合，负荷率相加为3.03，接近节拍的3倍，适合组合在一起。可由3人承担，平均负荷率为1.01，接近节拍，可以组合为3个工位。

⑩工序15和工序16是同种作业，负荷率相加为1.60，平均负荷率为0.8，较低，留待观察。

⑪工序18和工序19是同种作业，负荷率相加为2.26，由2人承担，平均负荷率为1.13，较接近节拍，可以组合为2个工位。为了提高整个流水线的效率，将工序15、工序16、工序18和工序19组合，负荷率相加为3.86，由4人承担，平均负荷率为0.97，接近节拍，可以组合为4个工位。在吊挂流水作业中，相同作业的工位可以超过3个，但也不宜过长。

整个方案的设置中，没有工序逆流现象，所有的在制品在生产时，单方向流动。按照分析将工序进行组合，见表2-3。

表2-3　POLO针织衫车间工序优化组合分析表

工序号	工序名称	设备	工时/秒	工序负荷率	组合工序负荷率	工位数	组合工位号
1	挂片（前片×1，后片×1，袖片×2，领子×1）	手工	21.0	0.54	0.95	1	1
2	粘衬机烫胸襟贴衬×2	手工	16.0	0.41			
3	烫胸襟贴边×2	手工	28.0	0.72	0.93	1	2
5	手工点前片胸襟位×1	手工	8.0	0.21			
4	包缝机切修罗纹领止口×1	包缝机	14.0	0.36	0.99	1	3
7	包缝机缉缝袖缝和侧缝及肩带×2	包缝机	24.5	0.63			
6	平缝机缉缝胸襟贴边连剪开胸襟×1	平缝机	64.0	1.65	2.19	2	4
8	平缝机缉肩缝0.1cm单明线×2	平缝机	21.0	0.54			
9	平缝机绱扁机领两端连点扁机领肩位×1	平缝机	32.5	0.84	0.84	1	5
10	包缝机绱扁机领×1	包缝机	33.0	0.85	0.85	1	6
11	平缝机缉缝领围织带×1	平缝机	32.5	0.84	2.28	2	7
12	平缝机封压后领织带×1	平缝机	56.0	1.44			
13	缉缝门襟明线连包住领脚连缉胸襟连剪三角×1	平缝机	165.0	4.24	4.24	4	8

续表

工序号	工序名称	设备	工时/秒	工序负荷率	组合工序负荷率	工位数	组合工位号
14	包缝机绱袖×2及包缝胸襟底（2.5cm）×1	包缝机	62.0	1.59	3.03	3	9
17	包缝机缉缝袖缝和侧缝及洗水唛×2	包缝机	56.0	1.44			
15	平缝机缉袖面0.1cm明线×2	平缝机	50.0	1.29	3.86	4	10
16	平缝机缉胸襟底边×2	平缝机	12.0	0.31			
18	绷缝机绷缝袖口（2.0cm+0.6cm）明线×2	绷缝机	46.0	1.18			
19	绷缝机绷缝下脚（2.0cm+0.6cm）明线×1	绷缝机	42.0	1.08			

组合后工位数为20个，作业人员数为20人。最小的平均工时为32.5秒，最大的平均工时为44.25秒。

2.1.7 工位安排

按照分析，编制工位安排预案为绘制工位图做准备（图2-6）。

工位数	1	1	1	2	1	1
组合负荷率	0.95	0.93	0.99	2.19	0.84	0.85
组合工时	31	36	38.5	85	32.5	33.0
设备	手工	手工	包缝机	平缝机	平缝机	包缝机
工序号组合	1+2	3+5	4+7	6+8	9	10
工位号	1	2	3	4，4	5	6

U型物流路径

工位号	10，10，10，10	9，9，9	8，8，8，8	7，7
工序号组合	18+19+15+16	14+17	13	11+12
设备	绷缝机	平缝机	包缝机	平缝机	平缝机
组合工时	88.0	62	118	165.0	88.5
组合负荷率	2.26	1.60	3.03	4.24	2.28
工位数	4	3	4	2

图2-6 POLO针织衫工位安排预案

2.1.8 组合方案评估

（1）比较组合后各工位工时分布的集中度

根据表2-3的数据分析得到组合后各工位工时的直方图（图2-7）和雷达图（图2-8）。比较组合前后各工位工时的差异程度和工时分布的集中度。

图2-7 组合后各工位时间分析直方图

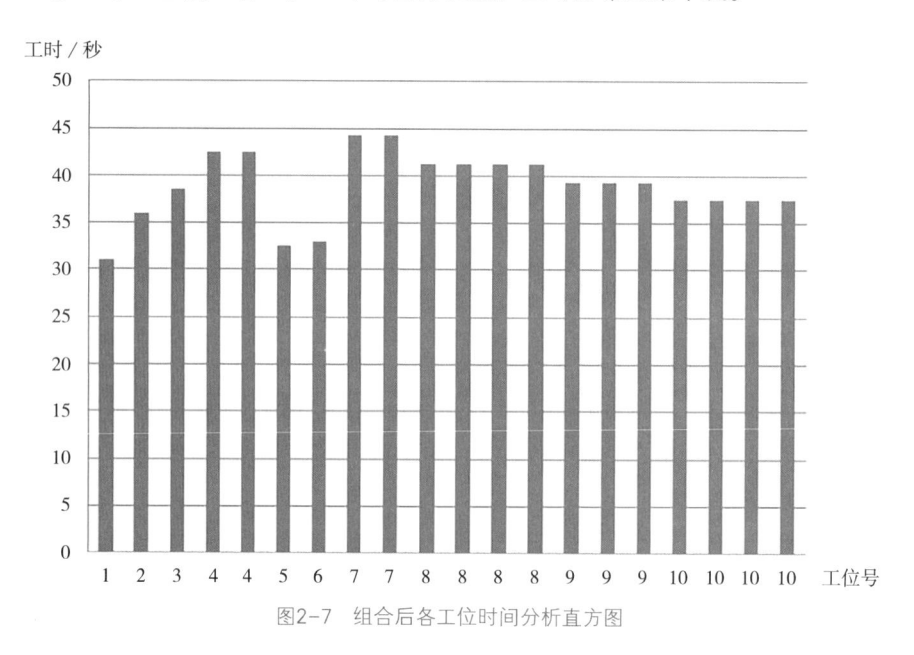

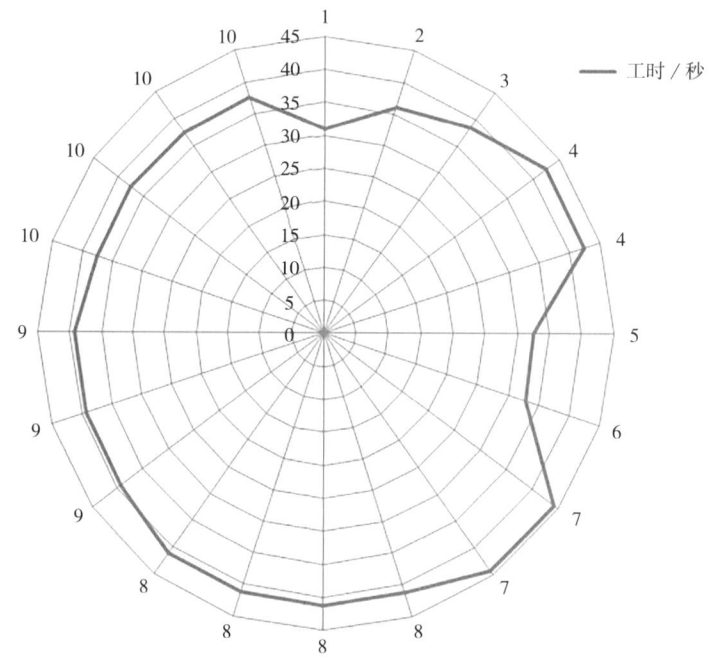

图2-8 组合后各工位时间分析雷达图

对比组合后的工位直方图和对比组合前后的工位雷达图可以明显看出，各工位的工时分布集中。各组合工位的工时被限制在[32.5秒，44.25秒]范围内。最大的差值为11.75秒，比值为32.5∶44.25=1∶1.4，远小于组合前的1∶20.6。工位间的不平衡程度有很大的改善。

（2）计算组合方案的平衡率

POLO针织衫各工序总工时为783.5秒。组合工序的最高负荷率为1.14，是工序11和工序12的组合，平均工时为44.25秒，为本生产案例的瓶颈时间。本案例由组合分析得知，设置的流水线工位为20个。

平衡率=各工序时间总和/（工位数×瓶颈工序时间）×100%=$\sum t_i$/（工站数×CT）×100%=783.5/（20×44.25）=89%。

属于85%≤平衡率＜90%范畴，由此判断该流水线方案平衡水平良好。可以进行工位安排图绘制。

2.1.9 工位安排图绘制

按照表2-4POLO针织衫工位安排预案表绘制工位安排图（图2-9）。对照安排预案的设备数量和位置来进行设备和位置的安排，流水线的形式为直线型，机器和烫台放在长载物台的两侧，上侧共有1台挂片工作台、1台粘衬机、1台烫台、2台包缝机、5台平缝机。下侧安排6台平缝机、3台包缝机、2台绷缝机来满足生产需要。

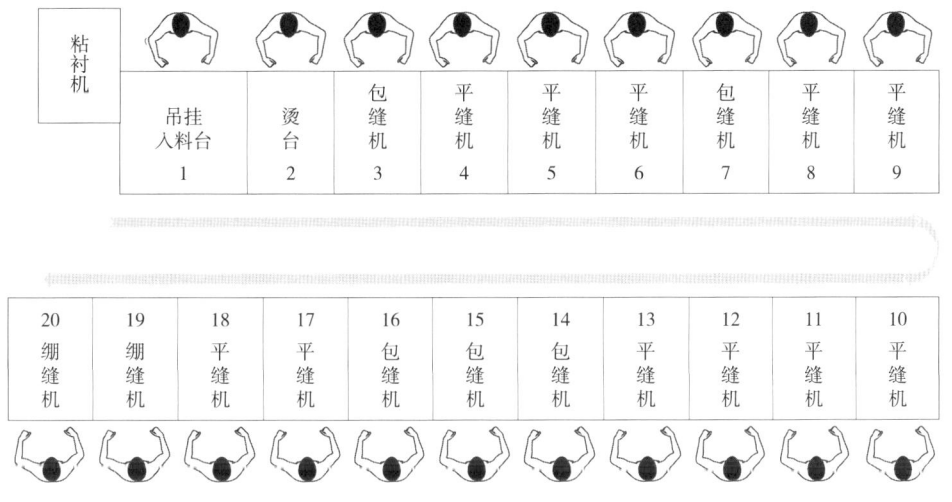

粘衬机									
	吊挂入料台 1	烫台 2	包缝机 3	平缝机 4	平缝机 5	平缝机 6	包缝机 7	平缝机 8	平缝机 9
	20 绷缝机	19 绷缝机	18 平缝机	17 平缝机	16 包缝机	15 包缝机	14 包缝机	13 平缝机	12 平缝机	11 平缝机	10 平缝机

图2-9　POLO针织衫工位安排图（图中的编号是吊挂系统工位排序号）

2.2 针织连衣裙生产线平衡设计

2.2.1 款式特点

扁机领,前半开胸装拉链,前后设公主线拼缝压织带饰边,收腰,短袖,中长款针织连衣裙。

2.2.2 工艺说明(图2-10)

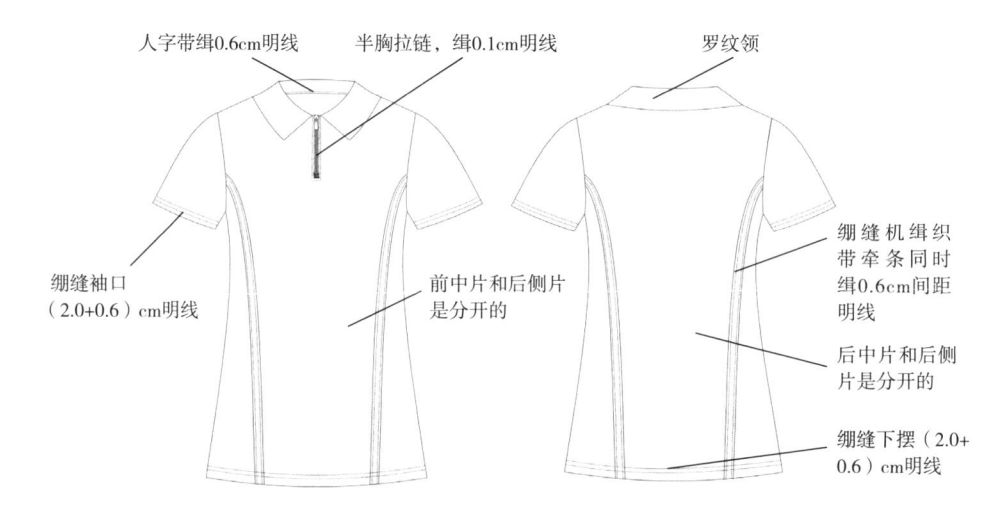

图2-10 针织连衣裙工艺说明图

2.2.3 工序统计(表2-4)

表2-4 针织连衣裙工序统计

工序号	部件	工序名称	设备	工时/秒
1	裁片	挂片(前中片×1,前侧片×2,后中片×1,后侧片×2,领子×1,袖子×2,拉链×1)	手工	33.7
2	前片	手工扫粉定胸襟位置×1	手工	16.7
3	拉链	平缝机缉半胸襟拉链U型牵条及清剪止口×1	平缝机	47.6
4	拉链	平缝机装半胸襟拉链暗线一周连清剪止口×1	平缝机	72.0
5	拉链	平缝机缉半胸襟拉链0.1cm明线一周×1	平缝机	44.5
6	前片	前侧拼合部位上口锁边×2	包缝机	66.7
7	前片	绷缝机缉前侧拼幅0.6cm双明线×2	绷缝机	52.4
8	前片	绷缝机缉前侧织带牵条×2	绷缝机	81.0

续表

工序号	部件	工序名称	设备	工时/秒
9	后片	包缝机锁后侧缝×2	包缝机	66.7
10	后片	绷缝机缉后侧拼幅0.6cm双明线×2	绷缝机	52.4
11	后片	绷缝机缉后侧织带牵条×2	绷缝机	81.0
12	肩部	四线包缝机缝合肩缝（落绒条）×2	包缝机	26.2
13	组合	四线包缝机绱袖×2	包缝机	48.9
14	领子	带刀平缝机绱领同时缉人字带牵条×1	平缝机	84.4
15	领子	平缝机加固领头及加固织带收口×1	平缝机	30.3
16	领子	平缝机缉缝领子连尺寸唛×1	平缝机	27.3
17	领子	平缝机缉全领牵条0.6cm明线×1	平缝机	44.4
18	组合	四线包缝机缝合侧缝及袖底缝连洗水唛×1	包缝机	57.8
19	组合	绷缝袖口（2.0+0.6）cm明线×2	绷缝机	36.7
20	组合	包缝机锁下摆×1	包缝机	48.5
21	组合	绷缝机缉缝下摆（2.0+0.6）cm明线×1	绷缝机	53.3
22	组合	套结机打套结×5	套结机	29.7
总 计				1102.2

2.2.4 各工序时间分析直方图

根据针织连衣裙工序统计表分析得出其各工序时间分析直方图（图2-11）。

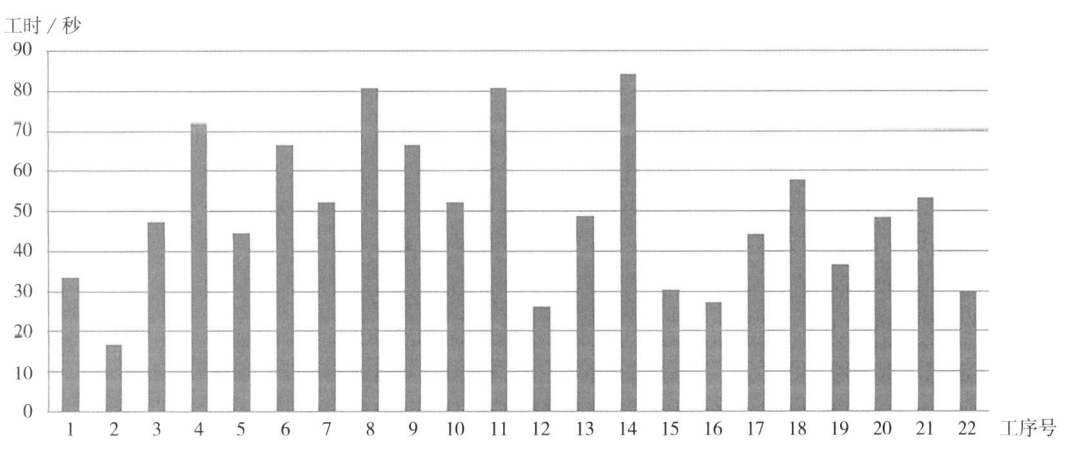

图2-11 针织连衣裙各工序时间分析直方图

2.2.5　各工序时间分析雷达图

根据针织连衣裙工序统计表分析得出其各工序时间分析雷达图（图2-12）。

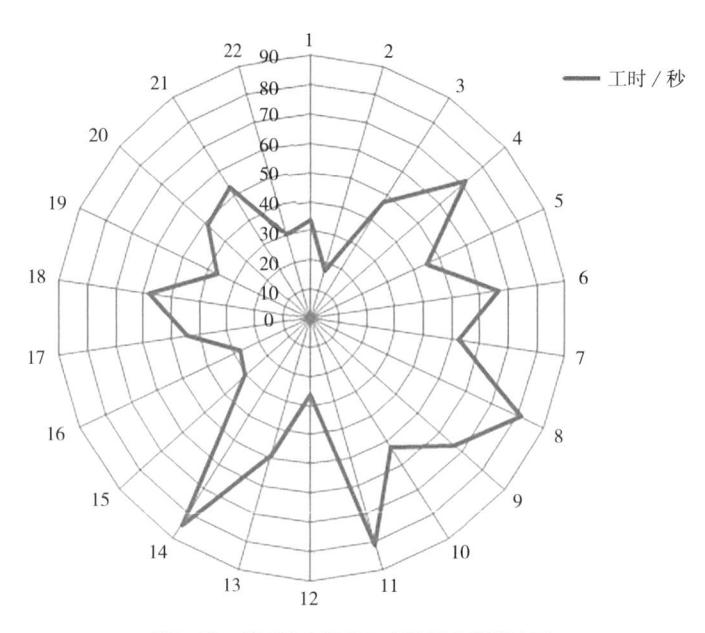

图2-12　针织连衣裙各工序时间分析雷达图

由直方图和雷达图可以明显看出，工序14是工时最多的工序，为84.4秒，是瓶颈工序。工序2是工时最低的工序，为16.7秒。两者的差值为67.7秒，比值为16.7∶84.4=1∶5.05。由雷达图明显看出，整体工序的时间分布较分散，会导致生产线整体效率不高。需要做工序的优化组合。

2.2.6　工序优化组合

根据款式分析和工艺说明本款式生产时的传送系统为吊挂系统。裁片的发放主要通过衣架夹片传送。原材料的前中片、前侧片、后中片、后侧片、领子、袖子、拉链和洗水唛由吊挂的发送端发出，衣领牵条的人字带和公主线的织带饰边直接送至车位。材料发出后，先扫粉定胸襟位，包拉链牵条，装拉链，缉拉链明线，绱领落人字带，加固领头、加固织带收口，加固固领唛的同时落尺寸唛，缉人字带包全领明线绱领，拼合前片，绷缝前明线，缉前片织带，拼合后片，绷缝后明线，缉后片织带，四线包缝机缝合肩缝（落绒条），绱袖，缝合侧缝及袖底缝连洗水唛，绷缝袖口，锁下摆，缉缝下摆，打套结，中查，后查，后整理，包装。

针织连衣裙各工序总工时为1102.2秒，拟目标日产量为496件。若按日工作时间为8小时，生产线节拍=工作时间／目标日产量=28800／496=58.1（秒）。

流水线的生产节拍为58.1秒，可以调节节拍的倍数，采用3~5件流来增大节拍的时间，减少传递节奏的压力。

（1）负荷率计算

负荷率=工序工时/节拍

利用工序统计表算出所有工时的负荷率（表2-5）。

表2-5 针织连衣裙工序负荷率表

序号	部件	工序名称	设备	工时/秒	负荷率
1	裁片	挂片（前中片×1，前侧片×2，后中片×1，后侧片×2，领子×1，袖子×2，拉链×1）	手工	33.7	0.58
2	前片	手工扫粉定胸襟位置×1	手工	16.7	0.29
3	拉链	平缝机缉半胸襟拉链U型牵条及清剪止口×1	平缝机	47.6	0.82
4	拉链	平缝机装半胸襟拉链暗线一周连清剪止口×1	平缝机	72.0	1.24
5	拉链	平缝机缉半胸襟拉链0.1cm明线一周×1	平缝机	44.5	0.77
6	前片	前侧拼合部位上口边×2	包缝机	66.7	1.15
7	前片	绷缝机缉前侧拼幅0.6cm双明线×2	绷缝机	52.4	0.90
8	前片	绷缝机缉前侧织带牵条×2	绷缝机	81.0	1.39
9	后片	包缝机锁后侧缝×2	包缝机	66.7	1.15
10	后片	绷缝机缉后侧拼幅0.6cm双明线×2	绷缝机	52.4	0.90
11	后片	绷缝机缉后侧织带牵条×2	绷缝机	81.0	1.39
12	肩部	四线包缝机缝合肩缝（落绒条）×2	包缝机	26.2	0.45
13	组合	四线包缝机绱袖×2	包缝机	48.9	0.84
14	领子	带刀平缝机绱领同时缉人字带牵条×1	平缝机	84.4	1.45
15	领子	平缝机加固领头及加固织带收口×1	平缝机	30.3	0.52
16	领子	平缝机缉缝领子连尺寸唛×1	平缝机	27.3	0.47
17	领子	平缝机缉全领牵条0.6cm明线×1	平缝机	44.4	0.76
18	组合	四线包缝机缝合侧缝及袖底缝连洗水唛×1	包缝机	57.8	0.99
19	组合	绷缝袖口（2.0+0.6）cm明线×2	绷缝机	36.7	0.63
20	组合	包缝机锁下摆×1	包缝机	48.5	0.83
21	组合	绷缝机缉缝下摆（2.0+0.6）cm明线×1	绷缝机	53.3	0.92
22	组合	套结机打套结×5	套结机	29.7	0.51

（2）组合分析

①工序1和工序2都是手工作业，负荷率相加为0.87，较接近节拍，可以单独作为1个工位。

②工序3和工序4是平缝作业，工序3的负荷率为0.82，有点低，工序4的负荷率为1.24，有点高，两个工序的负荷率相加为2.06，非常接近节拍的2倍，由2人承担，平均负荷率为1.03，可以作为2个工位。

③工序5为平缝作业，负荷率为0.77，较低，不适合独立为1个工位。工序5暂时保留，待观察。

④工序6是包缝作业，工序负荷率为1.15，可以作为独立工位。

⑤工序7和工序8同是绷缝作业，负荷率分别为0.90和1.39，相加为2.29，由2人承担，平均负荷率为1.15，降低了工序8的高负荷率。适宜组合为2个工位。

⑥工序9是包缝作业，工序负荷率为1.15，可以作为独立工位。

⑦工序10和工序11情况与工序7和工序8相同，也都是绷缝作业，负荷率分别为0.90和1.39，相加为2.29，由2人承担，平均负荷率为1.15，较接近节拍，降低了工序11的高负荷率。可以组合为2个工位。

⑧工序12负荷率为0.45，偏低。工序13负荷率为0.84，都是包缝作业，负荷率相加为1.29，偏高，暂留待观察。其中工序13负荷率为0.84，也可以作为一个单独的工位。但要平衡包缝作业的负荷率，暂不独立作为一个工位。

⑨工序14是平缝作业，工序负荷率为1.45，相邻的同种工序15的负荷率为0.52，工序14和工序15的组合负荷率为1.97。由2人承担，平均负荷率为0.99，非常接近节拍，适宜组合为2个工位。

⑩工序16和工序17都是平缝作业，负荷率相加为1.23，相对较高，可能会成为组合后的瓶颈工序，应降低负荷率。平缝作业工序5调到工序17的后面，不会造成在制品逆流情况，3个工序相加负荷率为2，是节拍的2倍，非常理想。适合组合成为2个工位。

⑪工序18为包缝作业，负荷率为0.99，非常接近节拍的1倍。可以作为独立工位。

⑫工序19为绷缝作业，负荷率为0.63，过低，相邻的工序20为包缝作业，两个属于不同工种，不适合组合。工序19暂留待观察。

⑬工序20为包缝作业，负荷率为0.83，稍低，可以考虑工序12和工序13组合提高共同的负荷率。工序12和工序13和工序20都是同种工序，且组合的负荷率为2.12，数值上起到平衡作用。但工序20必须跟在18的后面，无法调到13的后面，这里需要吊挂系统做配合，且要求小扎流的件数为偶数。在制品从工序11流出时，有一半流到工序12、工序13的组合工位，有一半流去工序20的工位，做完后再正向流到工序14的工位，进

行加工。工序18的在制品流出时，也会一半流向工序20，一半正向流向工序12。一个产品两个物流路径，可利用吊挂系统进行分步传送。在这样的安排下，工序12、工序13和工序20可以组合，一半的工时为61.8秒，一半的负荷率为1.06，由2人承担，组合成2个工位。

⑭工序21为绷缝作业，负荷率为0.92，可以作为独立工位。

⑮工序22是套结机作业，负荷率为0.51，负荷率较低，暂留待观察，看是否可以和其他工序组合。

⑯工序22是尾部作业，负荷率为0.51，很低，需要和其他作业相加来平衡效率。工序19负荷率为0.63也很低，将工序19调至工序21的后面，不会造成逆流情况，2个工序相加后的负荷率为1.14，接近1倍的节拍。此处比较特殊，操作人员1名，工位2个，由1人承担，通过走位来完成工作任务。

根据组合分析，编制针织连衣裙组合工位表如表2-6所示。

表2-6 针织连衣裙组合工位表

工序号	部件	工序名称	设备	工时／秒	组合后的工时／秒	负荷率	组合负荷率	工位数	工位号
1	裁片	挂片（前中片×1，前侧片×2，后中片×1，后侧片×2，领子×1，袖子×2，拉链×1）	手工	33.7	50.4	0.58	0.87	1	1
2	前片	手工扫粉定胸襟位置×1	手工	16.7		0.29			
3	拉链	平缝机缉半胸襟拉链U型牵条及清剪止口×1	平缝机	47.6	119.6	0.82	2.06	2	2
4	拉链	平缝机装半胸襟拉链暗线一周连清剪止口×1	平缝机	72.0		1.24			
6	前片	前侧拼合部位上口锁边×2	包缝机	66.7	66.7	1.15	1.15	1	3
7	前片	绷缝机缉前侧拼幅0.6cm双明线×2	绷缝机	52.4	133.4	0.90	2.29	2	4
8	前片	绷缝机缉前侧织带牵条×2	绷缝机	81.0		1.39			

续表

工序号	部件	工序名称	设备	工时/秒	组合后的工时/秒	负荷率	组合负荷率	工位数	工位号
9	后片	包缝机锁后侧缝×2	包缝机	66.7	66.7	1.15	1.15	1	5
10	后片	绷缝机缉后侧拼幅0.6cm双明线×2	绷缝机	52.4	133.4	0.90	2.29	2	6
11	后片	绷缝机缉后侧织带牵条×2	绷缝机	81.0		1.39			
12	肩部	四线包缝机缝合肩缝（落绒条）×2	包缝机	26.2	见注			1	7
13	组合	四线包缝机绱袖×2	包缝机	48.9					
14	领子	带刀平缝机绱领同时缉人字带牵条×1	平缝机	84.4	114.7	1.45	1.97	2	8
15	领子	平缝机加固领头及加固织带收口×1	平缝机	30.3		0.52			
16	领子	平缝机缉缝领子连尺寸唛×1	平缝机	27.3	116.2	0.47	2	2	9
17	领子	平缝机缉全领牵条0.6cm明线×1	平缝机	44.4		0.76			
5	拉链	平缝机缉半胸襟拉链0.1cm明线一周×1	平缝机	44.5		0.77			
18	组合	四线包缝机缝合侧缝及袖底缝连洗水唛×1	包缝机	57.8	57.8	0.99	0.99	1	10
20	组合	包缝机锁下摆×1	包缝机	48.5	见注			1	11
21	组合	绷缝机缉缝下摆（2.0+0.6）cm明线×1	绷缝机	53.3	53.3	0.92	0.92	1	12
19	组合	绷缝袖口（2.0+0.6）cm明线×2	绷缝机	36.7	66.4	0.63	1.14	1	13
22	组合	套结机打套结×5	套结机	29.7		0.51			

注 工位7和工位11，组合后的工时是工序12、工序13和工序20的总工时的一半，为61.8秒。组合后的工序负荷率是工序12、工序13和工序20的一半，为1.06。

2.2.7 工位安排

根据分析，编制工位安排预案图为进一步绘制工位图做准备（图2-13）。

工位数	1	2	1	2	1	2	1
设备	手工	平缝机	包缝机	绷缝机	包缝机	绷缝机	包缝机
组合工序负荷率	0.87	2.06	1.15	2.29	1.15	2.29	1.06
组合工时	50.4	119.6	66.7	133.4	66.7	133.4	61.8
工序号组合	1+2	3+4	6	7+8	9	10+11	12+13+20
工位号	1	2，2	3	4，4	5	6，6	7

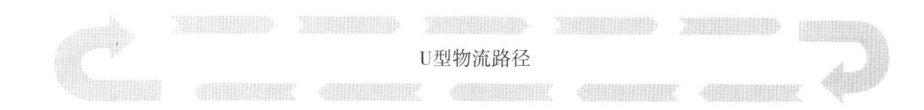

U型物流路径

工位号	13	12	11	10	9，9	8，8
工序号组合	22+19	21	12+13+20	18	16+17+5	14+15
组合工时	66.4	53.3	61.8	57.8	116.2	114.7
组合工序负荷率	1.14	0.92	1.06	0.99	2	1.97
设备	套结机	绷缝机	包缝机	包缝机	平缝机	平缝机
工位数	1	1	1	1	2	2

图2-13　针织连衣裙组合工位安排预案

工序组合优化时，基本按照生产原流程进行组合和安排工位，在组合分析中，已明确按设定的单方向U型流动中，在制品流动时，不会出现逆流情况。

2.2.8 组合方案评估

（1）比较组合后各工位工时分布的集中度

用直方图比较组合前后各工位工时的差异程度（图2-14）。用雷达图比较组合前后各工位工时分布的集中度（图2-15）。

图2-14 组合后各工位时间分析直方图

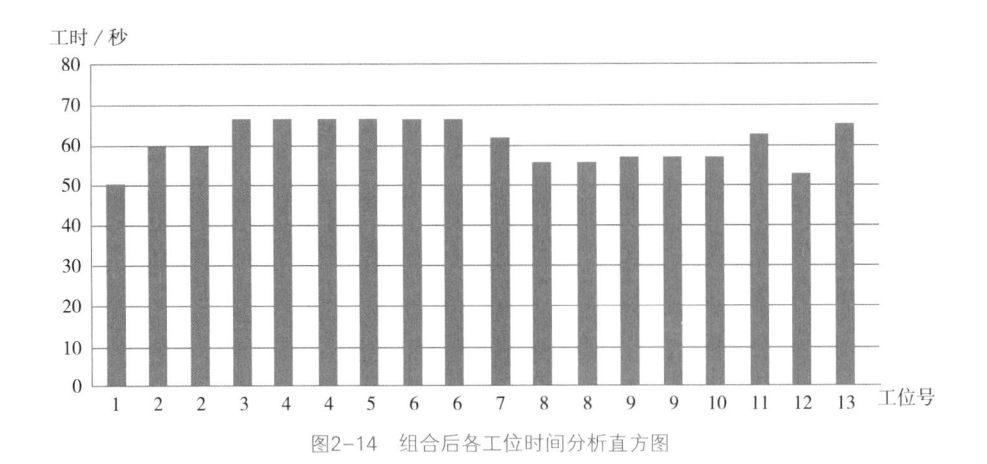

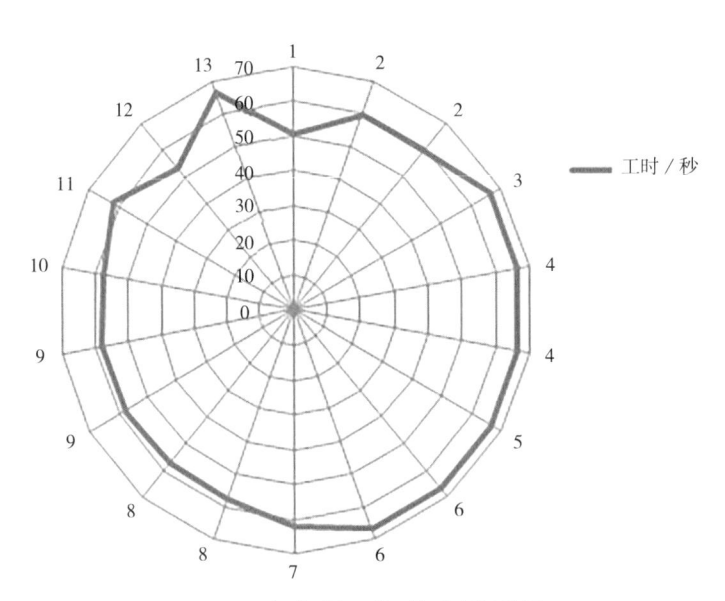

图2-15 组合后各工位时间分析雷达图

对比组合前后的工位直方图和对比组合前后的工位雷达图可以明显看出,工位间的不平衡程度有很大的改善,各组合工位的工时被限制在[50.4秒,66.7秒]范围内。最大的差值为16.3秒,比值为50.4∶66.7=1∶1.32,小于组合前的1∶5.05。工位间的不平衡程度有很大的改善。

(2)计算组合方案的平衡率

针织连衣裙的组合工序中,各工序总工时为1102.2秒,负荷率最高为1.15,其中,组合工位3、组合工位4、组合工位5和组合工位6的负荷率和时间都相同,取任何一个做比较都可以,因此,瓶颈工序时间为66.7秒。

平衡率=各工序时间总和/(工位数×瓶颈工序时间)×100%=$\sum t_i$/(工位数×

CT）×100%=1102.2／（66.7×18）=92%。平衡率≥90%，由此判断该流水线方案平衡水平属于优秀。可以进行工位安排图绘制。

2.2.9 工位安排图绘制

按照针织连衣裙组合工位安排预案表绘制工位安排图（图2-16）。对照安排预案的设备数量和位置进行设备和位置的安排，流水线的形式为直线型，机器和烫台放在长载物台的两侧，上侧共有1台挂片工作台、一台手工台、2台平缝机、2台包缝机、4台绷缝机。下侧安排2台平缝机、4台包缝机、2台绷缝机、1台套结机来满足生产需要。

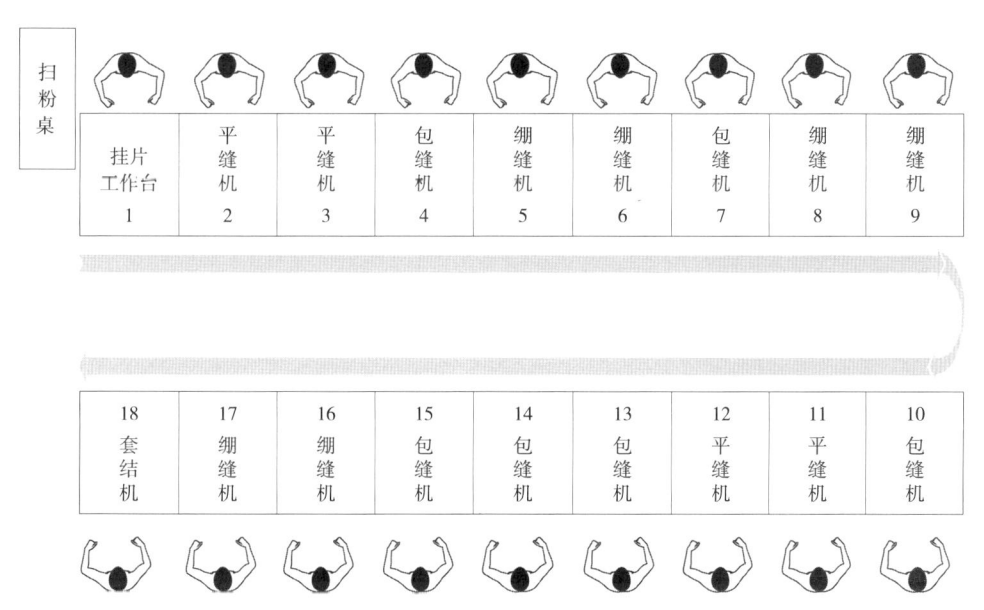

| 扫粉桌 | 挂片工作台 1 | 平缝机 2 | 平缝机 3 | 包缝机 4 | 绷缝机 5 | 绷缝机 6 | 包缝机 7 | 绷缝机 8 | 绷缝机 9 |

| 18 套结机 | 17 绷缝机 | 16 绷缝机 | 15 包缝机 | 14 包缝机 | 13 包缝机 | 12 平缝机 | 11 平缝机 | 10 包缝机 |

图2-16 针织连衣裙组合工位安排图（图中的编号是吊挂系统工位排序号）

2.3 男西裤生产线平衡设计

2.3.1 款式特点

斜插袋，双开唇后挖袋，前后各设4个省，平腰头，共5个腰襻，前门襟的腰头处设纽扣，后口袋也各设一粒纽扣，无里子。

2.3.2 工艺说明（图2-17）

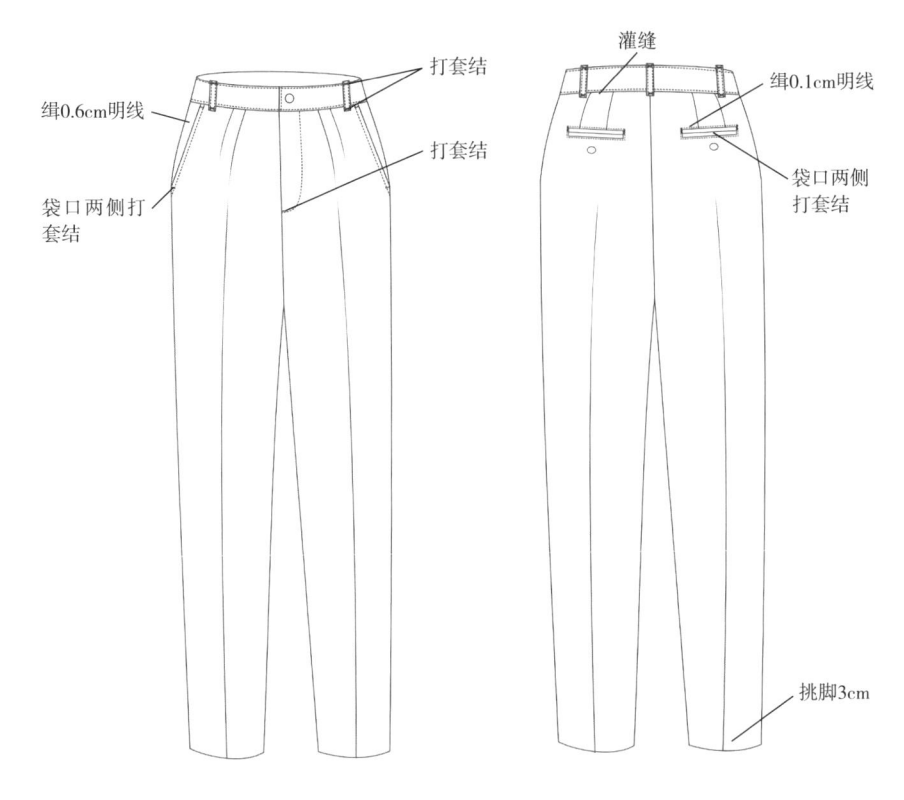

图2-17 男西裤工艺说明图

2.3.3 工序统计

对男西裤工艺进行分析，整理生产工艺和确定各工序的标准工作时间（表2-7）。

表2-7 男西裤工序统计表

工序号	部件	工序名称	设备	工时／秒
1	裁片	挂片（前片×2，后片×2，腰头×2，里襟×1，门襟×1，腰面×1，腰里×1，大袋布×2，小袋布×2，垫布×2）	手工	76.8
2	前片	三线包缝机锁裤前片×2	电脑包缝机	49.4
3	前片	三线包缝机锁前袋垫布×1连里襟×2	电脑包缝机	20.3
4	前片	平缝机收前片双褶2条×2	电脑平缝机	35.2
5	前片	缝合前袋垫袋布×2	电脑平缝机	27.5
6	前片	缝合落前袋口袋布×2	电脑平缝机	26.4

续表

工序号	部件	工序名称	设备	工时/秒
7	前片	缉前袋口0.6cm明线×2	电脑平缝机	26.2
8	前片	缝合袋布连缉袋布来去缝×2	电脑平缝机	39.8
9	前片	缉袋布衩捆条×2	电脑平缝机	20.8
10	前片	电脑平缝机固定前口袋下方×2	电脑平缝机	15.7
11	前片	烫里襟×1	烫台	16.9
12	前片	缝合前裆连装拉链连定里襟	电脑平缝机	57.6
13	后片	锁后裤片×2	电脑包缝机	49.9
14	后片	收后裤片省×2	电脑平缝机	21.6
15	后片	烫后省×2	烫台	11.7
16	后片	后袋贴锁边×4	电脑包缝机	22.1
17	后片	缉缝后袋贴×4	电脑平缝机	34
18	后片	自动开袋机开后口袋×2	开袋机	46
19	后片	剪后袋三角连翻连缉明线×2	电脑平缝机	25.5
20	后片	缝合后袋布两边×2	电脑单针车	51.2
21	后片	手工翻后袋布连缉缝袋布明线×2	电脑平缝机	66.6
22	后片	烫后口袋×2	烫台	16.5
23	腰头	折烫腰头连点腰位×2	烫台	45.6
24	腰头	绷缉腰襻×6	电脑双针三线绷缝机	6.9
25	腰头	自动切裤襻机切裤襻×6	自动切襻机	7
26	腰头	电脑平缝机固定裤襻×6	电脑平缝机	39.2
27	腰头	电脑平缝机缉缝腰头主标×1	电脑平缝机	21.1
28	腰头	缝合裤腰面里×1	电脑平缝机	25.9
29	腰头	手工剪洗水唛×1	手工	1.7
30	腰头	缉缝洗水唛连尺码唛×1	电脑平缝机	13.6
31	腰头	钉腰头钩扣2个×1	钩扣机	23.6
32	组合	缝合裤子外侧缝和内侧缝×2	电脑单针锁链车	111.4
33	组合	烫开内侧外侧缝×2	烫台	43.9
34	组合	绱腰头连打剪口连缉缝右搭门止口×1	电脑平缝机	124.1

续表

工序号	部件	工序名称	设备	工时/秒
35	组合	缝合前后裆连对位×1	电脑平缝机	35.5
36	组合	缉缝左门襟贴止口×1	电脑平缝机	43.4
37	组合	固定腰头裤襻6条×1	电脑平缝机	41.8
38	组合	烫后腰缝及里襟位及后腰裆×1	烫台	32
39	组合	缉缝里襟及里襟尾2条×1	电脑平缝机	77.6
40	组合	固定后腰里×1	电脑平缝机	28.2
41	组合	灌缝腰头×1	电脑平缝机	56.2
42	组合	缉缝护裆贴布折边布×1	电脑平缝机	34.3
43	组合	挑脚车挑脚口×2	单针单线挑脚车	44.3
44	组合	后口袋锁平头眼×2	电脑单头平眼车	12.1
45	组合	后口袋钉扣×2	全自动钉扣车	17.6
46	组合	打枣×12	电脑套结机	65.2
总　计				1709.9

2.3.4　各工序时间分析直方图

根据男西裤工序统计表分析得出其各工序时间分析直方图（图2-18）。

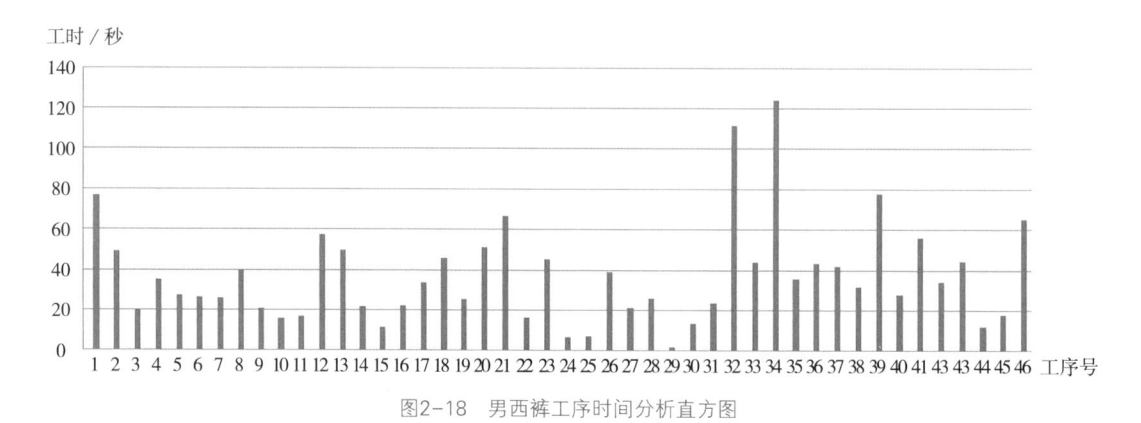

图2-18　男西裤工序时间分析直方图

2.3.5　各工序时间分析雷达图

根据男西裤工序统计表分析得出其各工序时间分析雷达图（图2-19）。

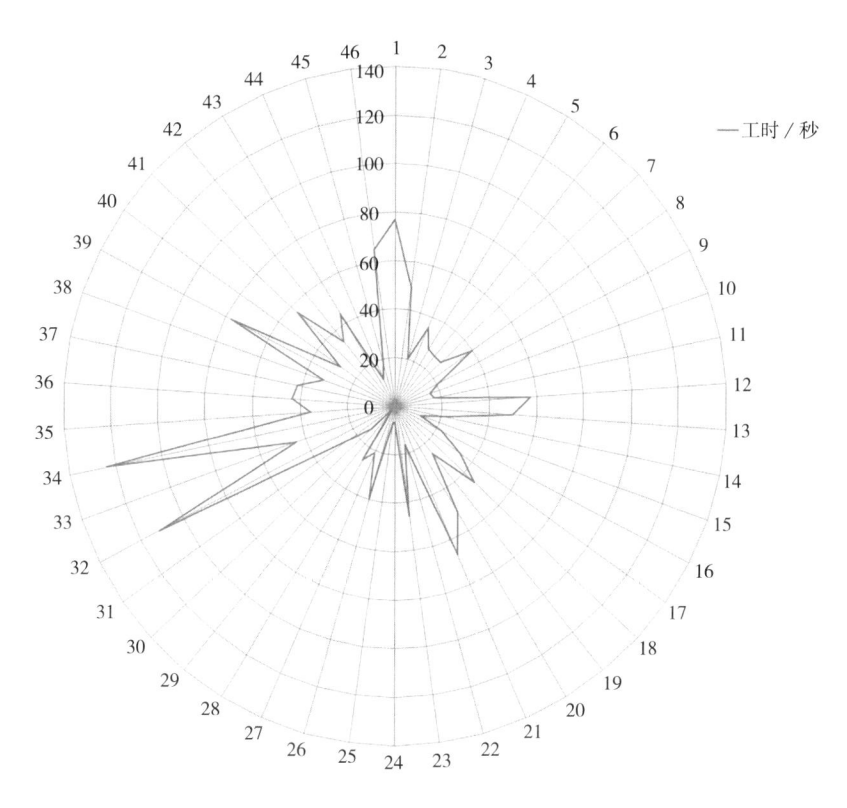

图2-19 男西裤工序时间分析雷达图

由直方图和雷达图可以明显看出，工序32和工序34的工时明显高于其他工时，工序34是工时最多的工序，为124.1秒，是瓶颈工序。工序29是工时最低的工序，为1.7秒，两者的差值为122.4秒，比值为1.7∶124.1=1∶73。由雷达图可明显看出整体工序的时间较分散，会导致生产线整体效率不高。需要做工序的优化组合。

2.3.6 工序优化组合

拟目标日产量为421件。若按日工作时间为8小时，即28800秒。男西裤总加工时间为1709.9秒。工序总数为46个。生产线节拍=工作时间／目标日常量28800／421=68.4（秒）。68.4秒不在100～300秒范围，可以调节节拍的倍数，采用2～4件流来增大节拍的时间，减少传递节奏的压力。

（1）负荷率计算（表2-8）

负荷率=工序工时／节拍

表2-8 男西裤工序负荷率表

工序号	部件	工序名称	设备	工时/秒	负荷率
1	裁片	挂片（前片×2，后片×2，腰头×2，里襟×1，门襟×1，腰面×1，腰里×1，大袋布×2，小袋布×2，垫布×2）	手工	76.8	1.12
2	前片	三线包缝机锁裤前片×2	电脑包缝机	49.4	0.72
3	前片	三线包缝机锁前袋垫布×1连里襟×2	电脑包缝机	20.3	0.30
4	前片	平缝机收前片双褶2条×2	电脑平缝机	35.2	0.51
5	前片	缝合前袋垫袋布×2	电脑平缝机	27.5	0.40
6	前片	缝合落前袋口袋布×2	电脑平缝机	26.4	0.39
7	前片	缉前袋口0.6cm明线×2	电脑平缝机	26.2	0.38
8	前片	缝合袋布连缉袋布来去缝×2	电脑平缝机	39.8	0.58
9	前片	缉袋布礽捆条×2	电脑平缝机	20.8	0.30
10	前片	电脑平缝机固定前口袋下方×2	电脑平缝机	15.7	0.23
11	前片	烫里襟×1	烫台	16.9	0.25
12	前片	缝合前裆连装拉链连定里襟	电脑平缝机	57.6	0.84
13	后片	锁后裤片×2	电脑包缝机	49.9	0.73
14	后片	收后裤片省×2	电脑平缝机	21.6	0.32
15	后片	烫后省×2	烫台	11.7	0.17
16	后片	后袋贴锁边×4	电脑包缝机	22.1	0.32
17	后片	缉缝后袋贴×4	电脑平缝机	34	0.50
18	后片	自动开袋机开后口袋×2	开袋机	46	0.67
19	后片	剪后袋三角连翻连缉明线×2	电脑平缝机	25.5	0.37
20	后片	缝合后袋布两边×2	电脑单针车	51.2	0.75
21	后片	手工翻后袋布连缉缝袋布明线×2	电脑平缝机	66.6	0.97
22	后片	烫后口袋×2	烫台	16.5	0.24
23	腰头	折烫腰头连点腰位×2	烫台	45.6	0.67
24	腰头	绷缉腰襻×6	电脑双针三线绷缝机	6.9	0.10
25	腰头	自动切裤襻机切裤襻×6	自动切襻机	7	0.10

续表

工序号	部件	工序名称	设备	工时/秒	负荷率
26	腰头	电脑平缝机固定裤襻×6	电脑平缝机	39.2	0.57
27	腰头	电脑平缝机缉缝腰头主标×1	电脑平缝机	21.1	0.31
28	腰头	缝合裤腰面里×1	电脑平缝机	25.9	0.38
29	腰头	手工剪洗水唛×1	手工	1.7	0.02
30	腰头	缉缝洗水唛连尺码唛×1	电脑平缝机	13.6	0.20
31	腰头	钉腰头钩扣2个×1	钩扣机	23.6	0.35
32	组合	缝合裤子外侧缝和内侧缝×2	电脑单针锁链车	111.4	1.63
33	组合	烫开内侧外侧缝×2	烫台	43.9	0.64
34	组合	绱腰头连打剪口连缉缝右搭门止口×1	电脑平缝机	124.1	1.81
35	组合	缝合前后裆连对位×1	电脑平缝机	35.5	0.52
36	组合	缉缝左门襟贴止口×1	电脑平缝机	43.4	0.63
37	组合	固定腰头裤襻6条×1	电脑平缝机	41.8	0.61
38	组合	烫后腰缝及里襟位及后腰裆×1	烫台	32	0.47
39	组合	缉缝里襟及里襟尾2条×1	电脑平缝机	77.6	1.13
40	组合	固定后腰里×1	电脑平缝机	28.2	0.41
41	组合	灌缝腰头×1	电脑平缝机	56.2	0.82
42	组合	缉缝护裆贴布折边布×1	电脑平缝机	34.3	0.50
43	组合	挑脚车挑脚口×2	单针单线挑脚车	44.3	0.65
44	组合	后口袋锁平头眼×2	电脑单头平眼车	12.1	0.18
45	组合	后口袋钉扣×2	全自动钉扣车	17.6	0.26
46	组合	打枣×12	电脑套结机	65.2	0.95

（2）组合分析

根据工序负荷率表进行工序优化组合表编排，组合时，原则上按照加工的顺序进行组合，按同种性质的工种进行组合，组合后的工序不要出现倒流的情况。

①工序1的负荷率为1.12，较接近1倍的节拍，可以单独作为1个工位。

②工序2和工序3都是包缝作业，工序2和工序3的组合的负荷率为1.02，非常接近节拍，适合组合为1个工位。

③工序4和工序5都是单针平缝作业，组合的负荷率为0.91，较接近节拍，适合组合为1个工位。

④工序6~工序10都是单针平缝作业，比较其负荷率后，将工序8、工序9和工序10的负荷率相加，得1.11，较接近节拍。适合组合为1个工位。工序6和工序7组合的负荷率为0.77，较低，留待观察。

⑤工序11为烫台作业，负荷率为0.25，较低，留待观察。

⑥工序12的平缝作业，负荷率为0.84，较接近节拍，可以作为1个工位。

⑦工序13为锁边机作业，相隔的工序16也是锁边机作业，两工序的负荷率相加为1.05，接近节拍。工序16调至工序13的后面，在制品不逆流。可以作为1个工位。

⑧工序14为平缝作业，负荷率为0.32，考虑和工序6、工序7组合，组合的负荷率为1.09，将工序14调至工序7的后面，不会造成在制品逆流。适合组合成1个工位。

⑨工序15为烫台作业，负荷率为0.17，太低，留待观察。

⑩工序17为平缝作业，负荷率为0.5，偏低，需要和其他工序组合提高负荷率。

⑪工序18是开袋作业，负荷率为0.67，偏低。工序18采用的是站立操作，适合和同样是站立作业和手工作业结合。

⑫工序19也是平缝作业，但工序19不可以在工序18的前面，否则会造成在制品逆流。向下观察，平缝作业是工序26，工序26必须在工序24、工序25之后，否则也会造成在制品逆流。从工序23开始到工序28，不适合调换其相互位置，尝试将工序23~工序28一起调换位置到工序17的前面。观察平缝作业，工序26和工序27的负荷率，相加为0.88，较接近节拍，适合组合为1个工位。工序28和工序17组合，负荷率为0.88，较接近节拍，适合组合为1个工位。

⑬工序15和工序23同为熨烫作业，可以尝试调到工序11之后，3个工序组合的负荷率为1.09，且在制品不逆流。可以作为1个工位。

⑭工序20是平缝作业，负荷率为0.75，较低，留待观察。

⑮工序24为绷缝作业，是特种作业，是唯一工种，负荷率为0.10，过低，留待观察。

⑯工序25是切裤襻作业，是特种作业，是唯一工种，负荷率为0.10，过低，留待观察。

⑰工序29是手工作业，负荷率为0.02，很低，留待观察。

⑱工序31是钩扣机作业，负荷率为0.35，过低，留待观察。由于工序18~工序31，有多个不同种类的设备，单一按同一性质工种组合难以达到组合工序时间接近节拍的倍数的目的。这区间的工序考虑采用1人多机的形式。1人多机比较适合站立式操作的设备。坐式操作可以设计可旋转的椅子，以减少工人换位作业的时间。

⑲工序18、工序24、工序25和工序29组合，组合的负荷率为0.89，为一独立工位。

这个工位由一人承担3台机器的工作，完成自动开袋、车腰襻、自动切腰襻和手工剪洗水唛。自动开袋是站立式工作，自动切腰襻机可连续长时间自动操作，手工剪洗水唛是灵活的手工作业。4个工序都是部件的前端工作，灵活性强，且负荷率不算太满，足够保证员工的走位时间，不影响流水线的连续运行。可以提前做一定量的裤襻，保证第一小时的生产需要。将这一组合工位设在线外较合适。要同时配置1台自动开袋机、1台腰襻机、1台自动切腰襻机。

⑳工序19和工序20是平缝作业，组合的负荷率为1.12，较接近节拍，可以作为1个工位。

㉑工序21是平缝作业，负荷率为0.97，可以作为1个工位。

㉒工序30也是平缝作业，负荷率为0.20，过低，可以和工序21组合，组合负荷率为1.17。可以作为1个工位。

㉓工序31和工序32都是特种机器，而且只有一个工序，由于负荷率低，需要与其他工种组合。当工序31和工序32组合，负荷率为1.98，接近节拍的2倍，工时上适合组合为2个工位，由2人承担共同的任务。需要配置2台锁链车，2台钩扣机。

㉔工序33为熨烫作业，和同种作业22组合，负荷率为0.88，工序22调换到工序33的后面，不会造成半成品的逆流，可以作为1个工位。

㉕工序34为平缝作业，负荷率为1.81，由2人承担，平均负荷率为0.91。接近节拍，可以作为2个工位。

㉖工序35和工序36同为平缝作业，组合负荷率为1.15，可以作为1个工位。

㉗工序37是平缝作业，负荷率为0.61，较低，留待观察。

㉘工序38是熨烫作业，负荷率为0.47，目前是仅剩的一个熨烫工序。必须考虑和其他工种结合。向下观察，工序39~工序46都是机器类作业，没有手工作业。就近组合考虑和工序37组合，组合负荷率为1.08，接近节拍，能满足流水线平衡的时间要求。但工位上要同时配置1台平车和1台烫台。

㉙工序39、工序40、工序41和工序42是平缝作业，负荷率为2.86，由3人承担，平均负荷率为0.95，较接近节拍，可以作为3个工位。

㉚工序43~工序46是流水线的尾部作业，可以多工种灵活组合。工序43、工序44、工序45组合负荷率为1.09，接近节拍，适合成为组合工位，由1人承担，备置1台挑脚车、1台单头平眼车、1台全自动钉扣车。

㉛工序46是打套结作业，负荷率为0.95，接近节拍，可以作为1个工位。

整个方案的设置中，所有的在制品在生产时，单方向流动，没有逆流现象。按照分析将工序进行组合，见表2-9。

表2-9 男西裤工序组合分析表

工序号	部件	工序名称	设备	工时/秒	组合后的工时	负荷率	组合负荷率	工位数	工位号
1	裁片	挂片（前片×2，后片×2，腰头×2，里襟×1，门襟×1，腰面×1，腰里×1，大袋布×2，小袋布×2，垫布×2）	手工	76.8	76.8	1.12	1.12	1	1
2	前片	三线包缝机锁裤前片×2	电脑包缝机	49.4	69.7	0.72	1.02	1	2
3	前片	三线包缝机锁前袋垫布×1、连里襟×2	电脑包缝机	20.3		0.30			
4	前片	平缝机收前片双褶2条×2	电脑平缝机	35.2	62.7	0.51	0.91	1	3
5	前片	缝合前袋垫袋布×2	电脑平缝机	27.5		0.40			
6	前片	缝合落前袋口袋布×2	电脑平缝机	26.4	74.2	0.39	1.09	1	4
7	前片	缉前袋口0.6cm明线×2	电脑平缝机	26.2		0.38			
14	后片	收后裤片省×2	电脑平缝机	21.6		0.32			
8	前片	缝合袋布连缉袋布来去缝×2	电脑平缝机	39.8	76.3	0.58	1.11	1	5
9	前片	缉袋布衩捆条×2	电脑平缝机	20.8		0.30			
10	前片	电脑平缝机固定前口袋下方×2	电脑平缝机	15.7		0.23			
11	前片	烫里襟×1	烫台	16.9	74.2	0.25	1.09	1	6
15	后片	烫后省×2	烫台	11.7		0.17			
23	腰头	折烫腰头连点腰位×2	烫台	45.6		0.67			
12	前片	缝合前裆连装拉链连定里襟	电脑平缝机	57.6	57.6	0.84	0.84	1	7
13	后片	锁后裤片×2	电脑包缝机	49.9	72.0	0.73	1.05	1	8
16	后片	后袋贴锁边×4	电脑包缝机	22.1		0.32			

续表

工序号	部件	工序名称	设备	工时／秒	组合后的工时	负荷率	组合负荷率	工位数	工位号
26	腰头	电脑平缝机固定裤襻×6	电脑平缝机	39.2	60.3	0.57	0.88	1	9
27	腰头	电脑平缝机缉缝腰头主标×1	电脑平缝机	21.1		0.31			
28	腰头	缝合裤腰面里×1	电脑平缝机	25.9	59.9	0.38	0.88	1	10
17	后片	缉缝后袋贴×4	电脑平缝机	34.0		0.50			
18	后片	自动开袋机开后口袋×2	开袋机	46	61.6	0.67	0.89	1	11
24	腰头	绷缉腰襻×6	电脑双针三线绷缝机	6.9		0.10			
25	腰头	自动切裤襻机切裤襻×6	自动切襻机	7		0.10			
29	腰头	手工剪洗水唛×1	手工	1.7		0.02			
19	后片	剪后袋三角连翻连缉明线×2	电脑平缝机	25.5	76.7	0.37	1.12	1	12
20	后片	缝合后袋布两边×2	电脑单针车	51.2		0.75			
21	后片	手工翻后袋布连缉缝袋布明线×2	电脑平缝机	66.6	80.2	0.97	1.17	1	13
30	腰头	缉缝洗水唛连尺码唛×1	电脑平缝机	13.6		0.20			
31	腰头	钉腰头钩扣2个×1	钩扣机	23.6	135.0	0.35	1.98	2	14
32	组合	缝合裤子外侧缝和内侧缝×2	电脑单针锁链车	111.4		1.63			
33	组合	烫开内侧外侧缝×2	烫台	43.9	60.4	0.64	0.88	1	15
22	后片	烫后口袋×2	烫台	16.5		0.24			
34	组合	绱腰头连打剪口连缉缝右搭门止口×1	电脑平缝机	124.1	124.1	1.81	1.81	2	16

续表

工序号	部件	工序名称	设备	工时/秒	组合后的工时	负荷率	组合负荷率	工位数	工位号
35	组合	缝合前后裆连对位×1	电脑平缝机	35.5	78.9	0.52	1.15	1	17
36	组合	缉缝左门襟贴止口×1	电脑平缝机	43.4		0.63			
37	组合	固定腰头裤襻6条×1	电脑平缝机	41.8	73.8	0.61	1.08	1	18
38	组合	烫后腰缝及里襟位及后腰裆×1	烫台	32.0		0.47			
39	组合	缉缝里襟及里襟尾2条×1	电脑平缝机	77.6	196.3	1.13	2.86	3	19
40	组合	固定后腰里×1	电脑平缝机	28.2		0.41			
41	组合	灌缝腰头×1	电脑平缝机	56.2		0.82			
42	组合	缉缝护裆贴布折边布×1	电脑平缝机	34.3		0.50			
43	组合	挑脚车挑脚口×2	单针单线挑脚车	44.3	74.0	0.65	1.09	1	20
44	组合	后口袋锁平头眼×2	电脑单头平眼车	12.1		0.18			
45	组合	后口袋钉扣×2	全自动钉扣车	17.6		0.26			
46	组合	打枣×12	电脑套结机	65.2	65.2	0.95	0.95	1	21

组合后，工位数为25个。最小的工位工时为57.6秒，最大的工位工时为80.2秒（表2-10）。

表2-10 男西裤工序组合后的工位表

工位号	工序号组合	设备	工时/秒	工位数
1	1	手工	76.8	1
2	2+3	电脑包缝机	69.7	1

续表

工位号	工序号组合	设备	工时/秒	工位数
3	4+5	电脑平缝机	62.7	1
4	6+7+14	电脑平缝机	74.2	1
5	8+9+10	电脑平缝机	76.3	1
6	11+15+23	烫台	74.2	1
7	12	电脑平缝机	57.6	1
8	13+16	电脑包缝机	72.0	1
9	26+27	电脑平缝机	60.3	1
10	28+17	电脑平缝机	59.9	1
11	18+24+25+29	开袋机+电脑双针三线绷缝机+自动切襻机+手工	61.6	1
12	19+20	电脑平缝机	76.7	1
13	21+30	电脑平缝机	80.2	1
14	31+32	钩扣机+电脑单针锁链车	135.0	2
15	33+22	烫台	60.4	1
16	34	电脑平缝机	124.1	2
17	35+36	电脑平缝机	78.9	1
18	37+38	电脑平缝机，烫台	73.8	1
19	39+40+41+42	电脑平缝机	196.3	3
20	43+44+45	单针单线挑脚车+电脑单头平眼车+全自动钉扣车	74	1
21	46	电脑套结机	65.2	1

2.3.7 工位安排

按照组合分析，编制工位安排预案为进一步绘制工位图做准备（图2-20）。

工位数	1	1	1	1	1	1	1	1	1	1	1
组合工序负荷率	1.12	1.02	0.91	1.09	1.11	1.09	0.84	1.05	0.88	0.88	0.89
组合工时	76.8	69.7	62.7	74.2	76.3	74.2	57.6	72	60.3	59.9	61.6
设备	手工	电脑包缝机	电脑平缝机	电脑平缝机	电脑平缝机	烫台	电脑平缝机	电脑包缝机	电脑平缝机	电脑平缝机	开袋机+电脑双针三线绷缝机+自动切襻机+手工
工序号组合	1	2+3	4+5	6+7+14	8+9+10	11+15+23	12	13+16	26+27	28+17	18+24+25+29
工位号	1	2	3	4	5	6	7	8	9	10	11线外（置前端）

U型物流路径

工位号	21	20	19, 19, 19	18	17	16, 16	15	14, 14	13	12
工序号组合	46	43+44+45	39+40+41+42	37+38	35+36	34	33+22	31+32	21+30	19+20
设备	电脑套结	单针单线挑脚车+电脑单头平缝机+全自动钉扣机	电脑平缝机	电脑平缝机+烫台	电脑平缝机	电脑平缝机	烫台	钩扣机+电脑单针锁链车	电脑平缝机	电脑平缝机
组合工时	65.2	74.0	196.3	73.8	78.9	124.1	60.4	135.0	80.2	76.7
组合工序负荷率	0.95	1.09	2.86	1.08	1.15	1.81	0.88	1.98	1.17	1.12
工位数	1	1	3	1	1	2	1	2	1	1

图2-20 男西裤各工序工位安排预案

2.3.8 组合方案评估

根据男西裤工序组合后的工位表分析得出组合后各工位工时的直方图（图2-21）和雷达图（图2-22）。比较组合前后各工位工时的差异程度和工时分布的集中度。

(1) 组合后工位时间分析直方图

图 2-21　组合后工位时间分析直方图

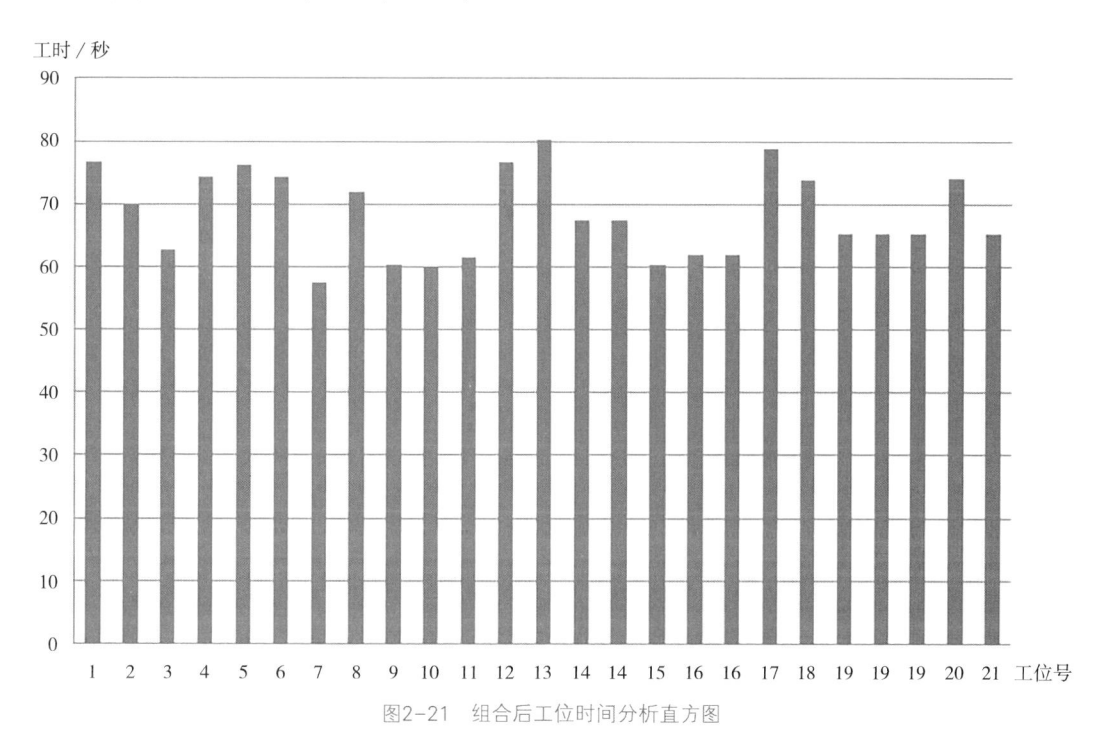

(2) 组合后工位时间分析雷达图

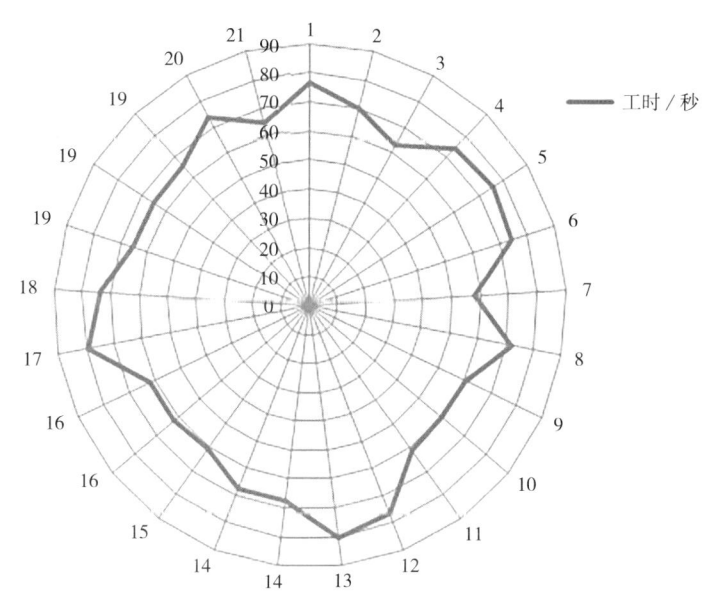

图 2-22　组合后工位时间分析雷达图

对比组合前后的工位直方图和组合前后的工位雷达图可以明显看出，各工位工时分布较集中，各组合工位的工时被限制在[57.6秒，80.2秒]范围内。最大的差值为22.6秒，比值为57.6∶80.2=1∶1.4，远小于组合前的1∶73。工位间的不平衡程度有很大改善。

（3）计算组合方案的平衡率

男西裤的组合工位的负荷率，最大的平均工时为80.2秒，即瓶颈工序时间为80.2秒。各工序时间总和为1709.9秒。共有25个工位。

平衡率＝各工序时间总和／（工位数×瓶颈工序时间）×100%＝$\sum t_i$／（工位数×CT）×100%＝1709.9／（25×80.2）＝1709.9／2005＝85.3%。85%≤平衡率＜90%，由此判断该流水线方案平衡水平良好，可以采用。

2.3.9　工位安排图绘制

男西裤组合工位一共有25个。工位11调到工位1的前面，工位11的作业都是部件的前端，作业完成后，可以由工位1系统调配到各设定好的工位。工位11可以设置成线外作业，可提前完成部分量的半成品，材料调配压力不会那么大。工位14配置1台钩扣机在背后，2个工人同时兼顾合外缝连合内缝和钉腰头挂钩扣。工位18配置1台烫台在旁边，由1人兼顾固定腰头裤襻和烫开后腰缝及腰头里襟位及后腰裆缝。工位20配置3台机器：1台挑脚车、1台单头平眼车、1台全自动钉扣车。工作较为复杂，但工位20的作业属于末端，可以和工位21的作业组成微型的集团化工位，共同完成这2个末端工位作业，如图2-23所示。

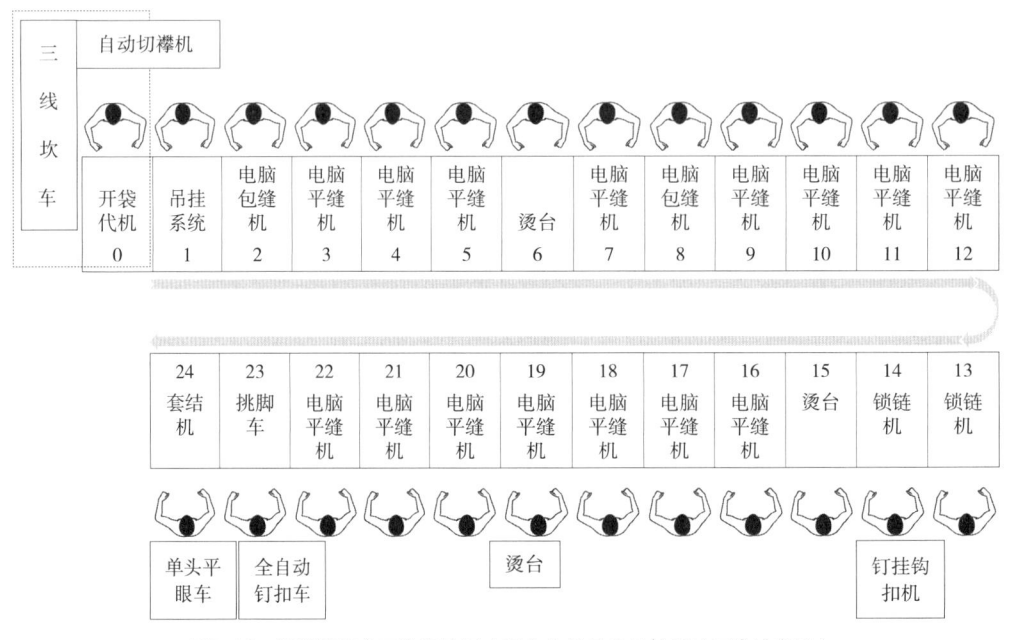

图2-23　男西裤组合工位安排图（图中的编号是吊挂系统工位排序号）

第3章　直线型生产线平衡设计

直线型传送模式是指生产线上半制品的总体物流路径为直线型的一种在制品传送方式。分连续型和间歇型两种。可以人工传送在制品，也可以采用皮带进行传送。服装企业直线型传送模式流水线的工位排列方式多采用课桌式的排列方式（图3-1）。

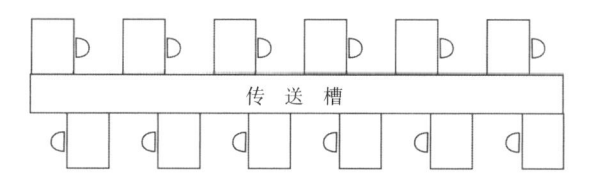

图3-1　直线型皮带传送流水线的工位排列图

3.1　插肩袖针织T恤生产线平衡设计

3.1.1　款式特点

方形领，半开襟，插肩袖。

3.1.2　工艺说明（图3-2）

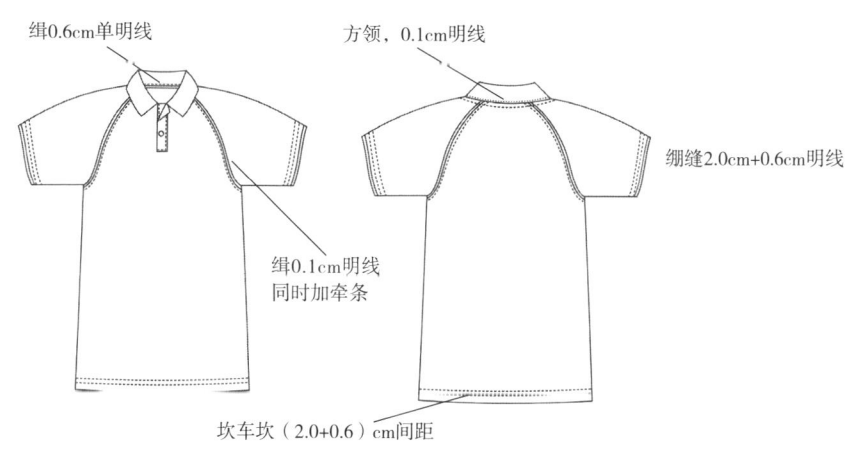

绱0.6cm单明线
方领，0.1cm明线
绷缝2.0cm+0.6cm明线
绱0.1cm明线同时加牵条
坎车坎（2.0+0.6）cm间距

图3-2　插肩袖针织T恤工艺说明图

3.1.3 工序统计

采用样衣剖析法对针织T恤工艺进行分析，确定生产工艺顺序，使用的设备及各工序的标准工作时间（表3-1）。

表3-1 针织T恤工艺统计表

工序号	部件	工序名称	设备	工时／秒
1	领子	平缝机缝合领子×1	平缝机	22
2	领子	翻领（方形）×1	手工	8
3	领子	平缝机缉缝领子×1	平缝机	19
4	胸襟	烫胸襟（1片一折，1片两折）×1	手工	21
5	胸襟	剪刀修剪前片×1	手工	15
6	前片	烫前片（上胸襟前）×1	手工	10
7	胸襟	绱右胸襟×1	平缝机	24
8	胸襟	绱左胸襟及牵条×1	平缝机	28
9	组合	绱前插肩袖连缉缝牵条×2	包缝机	46
10	组合	缉缝前插肩袖0.1cm明线×2	平缝机	50
11	组合	绱后插肩袖及牵条×2	包缝机	41
12	组合	缉缝后插肩袖0.1cm明线×2	平缝机	43
13	组合	平缝机绱领×1	平缝机	46
14	组合	包缝机拉领牵条×1	包缝机	34
15	组合	平缝机缉缝领牵条0.6cm明线及唛头×1	平缝机	70
16	组合	缉缝胸襟（3条线正方形）×1	平缝机	95
17	组合	缝合袖底缝及侧缝×2	平缝机	59
18	组合	绷缝机缉缝袖口（2.0+0.6）cm明线×2	绷缝机	50
19	组合	绷缝机缉缝下摆（2.0+0.6）cm明线×1	绷缝机	40
20	组合	平缝机固定门襟底	平缝机	15
总 计				736秒

3.1.4 各工序时间分析直方图

根据插肩袖针织T恤工序统计表分析得出其工序时间分析直方图（图3-3）。

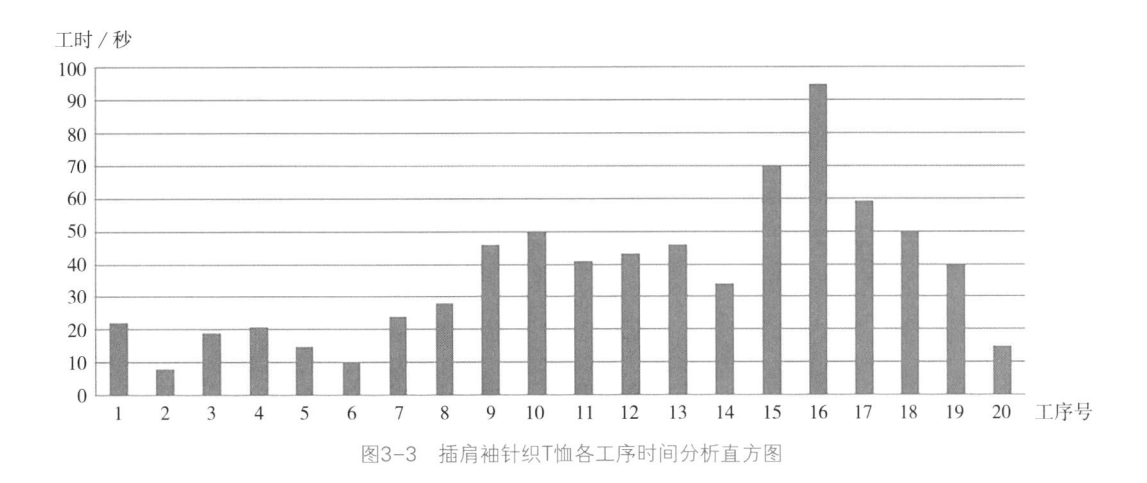

图3-3 插肩袖针织T恤各工序时间分析直方图

3.1.5 各工序时间分析雷达图

根据插肩袖针织T恤工序统计表分析得出其工序时间分析雷达图（图3-4）。

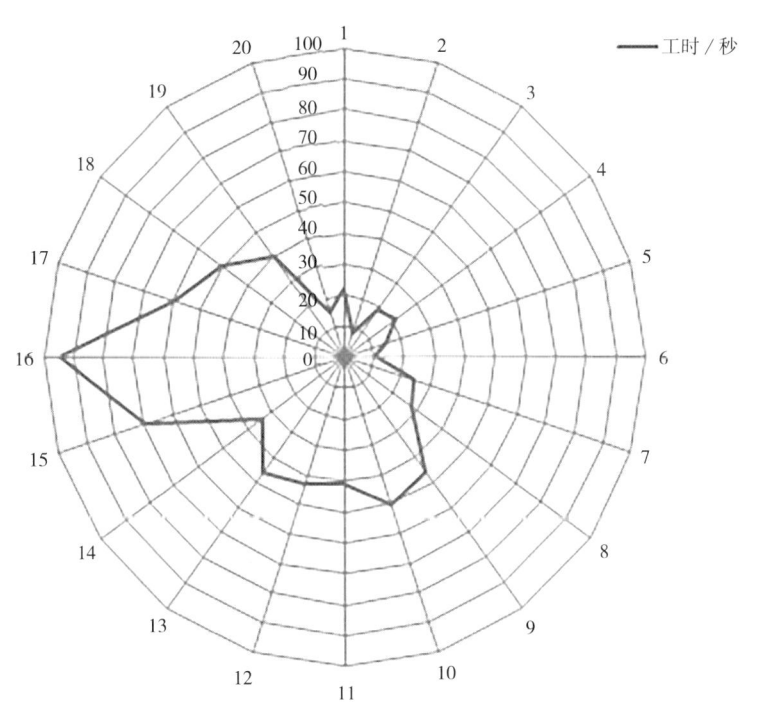

图3-4 插肩袖针织T恤各工序时间分析雷达图

由直方图可以明显看出，工序16是工时最多的工序，为95秒，是瓶颈工序。工序2是工时最低的工序，为8秒。两者的差值为87秒，比值为8∶95=1∶11.9。由雷达图明显看出整体工序的时间较分散，这种分布整体效率不高，产量低，浪费工人时间价值需要做工序的优化组合。

3.1.6　工序优化组合

插肩袖针织T恤的加工时间总计736秒。拟目标日产常量为744件。若按日工作时间为8小时，即是28800秒。生产线节拍=工作时间/目标日产量=28800/744=38.7（秒）。组合工位数=总的服装加工时间/节拍=736/38.7≈19（人），可以估计组合工位为19个。36.8秒不在100～300秒范围内，可以调节节拍的倍数，采用3～9件流来增大节拍的时间，减少传递节奏的压力。

（1）负荷率计算

按照工序负荷率的算法公式，利用工序表算出所有工序的负荷率（表3-2）。

表3-2　插肩袖针织T恤工序负荷率表

工序号	部件	工序名称	设备	工时/秒	负荷率
1	领子	平缝机缝合领子×1	平缝机	22	0.57
2	领子	翻领（方形）×1	手工	8	0.21
3	领子	平缝机缉缝领子×1	平缝机	19	0.49
4	胸襟	烫胸襟（1片一折，1片两折）×1	手工	21	0.54
5	胸襟	剪刀修剪前片×1	手工	10	0.26
6	前片	烫前片（上胸襟前）×1	手工	15	0.39
7	胸襟	绱右胸襟×1	平缝机	24	0.62
8	胸襟	绱左胸襟及牵条×1	平缝机	28	0.72
9	组合	绱前插肩袖连缉缝牵条×2	包缝机	46	1.19
10	组合	缉缝前插肩袖0.1cm明线×2	平缝机	50	1.29
11	组合	绱后插肩袖及牵条×2	包缝机	41	1.06
12	组合	缉缝后插肩袖0.1cm明线×2	平缝机	43	1.11
13	组合	平缝机绱领×1	平缝机	46	1.19
14	组合	包缝机拉领牵条×1	包缝机	34	0.88
15	组合	平缝机缉缝领牵条0.6cm明线及唛头×1	平缝机	70	1.81
16	组合	缉缝胸襟（3条线正方形）×1	平缝机	95	2.45

续表

工序号	部件	工序名称	设备	工时/秒	负荷率
17	组合	缝合袖底缝及侧缝×2	平缝机	59	1.52
18	组合	绷缝机缉缝袖口（2.0+0.6）cm明线×2	绷缝机	50	1.29
19	组合	绷缝机缉缝下摆（2.0+0.6）cm明线×1	绷缝机	40	1.03
20	组合	平缝机固定门襟底	平缝机	15	0.39

（2）按照作业的性质将各工序进行分类排列

将各工序按作业性质进行归类和排序，方便同种工序的优化组合（表3-3）。

表3-3 插肩袖针织T恤工序设备分类表

工序号	设备	工序名称	工时/秒	负荷率
2	手工1	翻领（方形）×1	8	0.21
4	手工2	烫胸襟（1片一折，1片两折）×1	21	0.54
5	手工3	剪刀修剪前片×1	10	0.26
6	手工4	烫前片（上胸襟前）×1	15	0.39
1	平缝机1	平缝机缝合领子×1	22	0.57
3	平缝机2	平缝机缉缝领子×1	19	0.49
7	平缝机3	绱右胸襟×1	24	0.62
8	平缝机4	绱左胸襟及牵条×1	28	0.72
10	平缝机5	缉缝前插肩袖0.1cm明线×2	50	1.29
12	平缝机6	缉缝后插肩袖0.1cm明线×2	43	1.11
13	平缝机7	平缝机绱领×1	46	1.19
15	平缝机8	平缝机缉缝领牵条0.6cm明线及喷头×1	70	1.81
16	平缝机9	缉缝胸襟（3条线正方形）×1	95	2.45
17	平缝机10	缝合袖底缝及侧缝×2	59	1.52
20	平缝机11	平缝机固定门襟底	15	0.39
9	包缝机1	绱前插肩袖连缉缝牵条×2	46	1.19
11	包缝机2	绱后插肩袖及牵条×2	41	1.06
14	包缝机3	包缝机拉领牵条×1	34	0.88
18	绷缝机1	绷缝机缉缝袖口（2.0+0.6）cm明线×2	50	1.29
19	绷缝机2	绷缝机缉缝下摆（2.0+0.6）cm明线×1	40	1.03

（3）组合分析

直线型传送模式工序优化组合的特点：将工序进行作业设备分类，按生产顺序进行组合。优先考虑同种作业进行组合，但要判断是否造成在制品的逆流。如果逆流，要做方案调整。组合工位工时尽可能接近节拍和节拍的倍数，一般不要超过3倍。如果组合工位的负荷率太高或太低，要做调整或留待观察，寻找机会和其他合适的工序进行组合。组合工位的人均负荷率控制在0.83~1.18范围内，否则容易造成流水线的平衡度偏低。

①4个手工作业中，手工1是领子部位作业，手工2是胸襟部位作业，手工3和手工4是前片作业。可以按顺序进行组合，留下手工4和其他工种的工序组合，也可留下手工1和其他领子部位作业的工序组合。但手工1的负荷率为0.21，而手工4的负荷率为0.39，若手工2、手工3和手工4组合，组合工时为1.19。而手工1和领子部位作业平车1组合，组合工序负荷率为0.78，偏低。优先考虑手工1、手工2和手工3的组合的方案。

②手工1的负荷率为0.21，手工2的负荷率为0.54，手工3的负荷率为0.26，组合后的负荷率为1.01，接近节拍，可以组合成为1个工位。

③手工4负荷率为0.39，较低，留待观察。

④平缝机1和平缝机2组合，平缝机1的负荷率为0.57，平缝机2的负荷率为0.49，组合后的负荷率为1.06，接近节拍，可以组合为1个工位，不需要再组合其他工序。

⑤平缝机3的负荷率为0.62，平缝机4的负荷率为0.72，组合为1.34，偏高，不适合组合。相邻的平缝机5的负荷率为1.29，平缝机4和平缝机5组合的负荷率为2.01，接近节拍的2倍，适合组合为2个工位。剩下的平缝机3可以考虑和手工4组合，组合负荷率为1.01，接近节拍，且不会造成逆流，可以组合为1个工位。

⑥平缝机6的负荷率为1.11，较接近节拍，可以独立成为1个工位。

⑦平缝机7的负荷率为1.19，偏高。平缝机8的负荷率为1.81，平缝机7和平缝机8组合，组合的负荷率为3，由3人承担，平均负荷率为1，接近节拍，可以组合成为3个工位。

⑧平缝机9负荷率为2.45，由2人承担，负荷率为1.23，稍高，需要和其他工序组合。相邻的平缝机10的负荷率为1.52，组合后需要4个人承担，工位过多。平缝机11的负荷率为0.39，与平缝机9同是胸襟部位作业，若平缝机9和平缝机11组合，组合的负荷率为2.84，由3人承担，平均负荷率为0.95，适合组合为3个工位。

⑨平缝机10的负荷率为1.52，偏高，留待观察。

⑩包缝机1的负荷率为1.19，偏高。包缝机2的负荷率为1.06，接近节拍，适合独立成为1个工位。包缝机3的负荷率为0.88，包缝机1和包缝机3组合可以平衡下相互的负荷率。组合后的工位安排在包缝车2的后面，但会造成逆流情况。为降低包缝机1的负荷率

又不造成在制品的逆流，将包缝机1和包缝机2组合。组合后的负荷率为2.25，由2人承担。平均负荷率为1.13，较接近节拍，可以组成2个工位。

⑪包缝机3的负荷率为0.88，较接近节拍，可以组成1个工位。

⑫绷缝机1的负荷率为1.29，偏高，需要与其他工序组合降低负荷率，留待观察。

⑬绷缝机2的负荷率为1.03，接近节拍，适合成为1个独立工位。

⑭留待观察的工序中，平缝机10和绷缝机1，两个工序组合符合作业的流程顺序，不会造成逆流。组合后的负荷率为2.81，由3人承担，平均负荷率为0.94，接近节拍，适合组合为3个工位。平缝机7的负荷率为1.19，偏高。寻找相邻的相对低的工序与它匹配。相邻的工序有工序14，是包缝机3，工序负荷率为0.88，与平车7组合，组合后的负荷率为2.07，由2人承担，平均负荷率为1.04，可以成为2个工位。

按上述分析整理插肩袖针织T恤工序初步组合表（表3-4）。

表3-4 插肩袖针织T恤工序初步组合表

工序号	设备	组合后的工时／秒	组合后的负荷率
2+4+5	手工1+手工2+手工3	39	1.01
1+3	平缝机1+平缝机2	41	1.06
8+10	平缝机4+平缝机5	78	2.01
6+7	手工4+平缝机3	39	1.01
12	平缝机6	43	1.11
13+15	平缝机7+平缝机8	116	3.0
16+20	平缝机9+平缝机11	110	2.84
17+18	平缝机10+绷缝机1	109	2.81
9+11	包缝机1+包缝机2	87	2.25
14	包缝机3	34	0.88
19	绷缝机2	40	1.03

（4）将组合工序按照生产顺序整理（表3-5）

表3-5 插肩袖针织T恤组合工位表

工序号	设备	组合后的工时／秒	组合后的负荷率	组合工位数	组合工位号
1+3	平缝机1+平缝机2	41	1.06	1	1
2+4+5	手工1+手工2+手工3	39	1.01	1	2
6+7	手工4+平缝机3	39	1.01	1	3
8+10	平缝机4+平缝机5	78	2.01	2	4
9+11	包缝机1+包缝机2	87	2.25	2	5

续表

工序号	设备	组合后的工时/秒	组合后的负荷率	组合工位数	组合工位号
12	平缝机6	43	1.11	1	6
13+15	平缝机7+平缝机8	116	3.0	3	7
14	包缝机3	34	0.88	1	8
16+20	平缝机9+平缝机11	110	2.84	3	9
17+18	平缝机10+绷缝机1	109	2.81	3	10
19	绷缝机2	40	1.03	1	11

组合后，共有19个工位。其中，工位4有2个工位，工位5有2个工位，工位7有3个工位，工位9有3个工位，工位10有3个工位。

3.1.7 组合方案评估

根据数据分析得出组合后各工位工时的直方图（图3-5）和雷达图（图3-6）。

（1）比较组合前后各工位工时的差异程度和工时分布的集中度

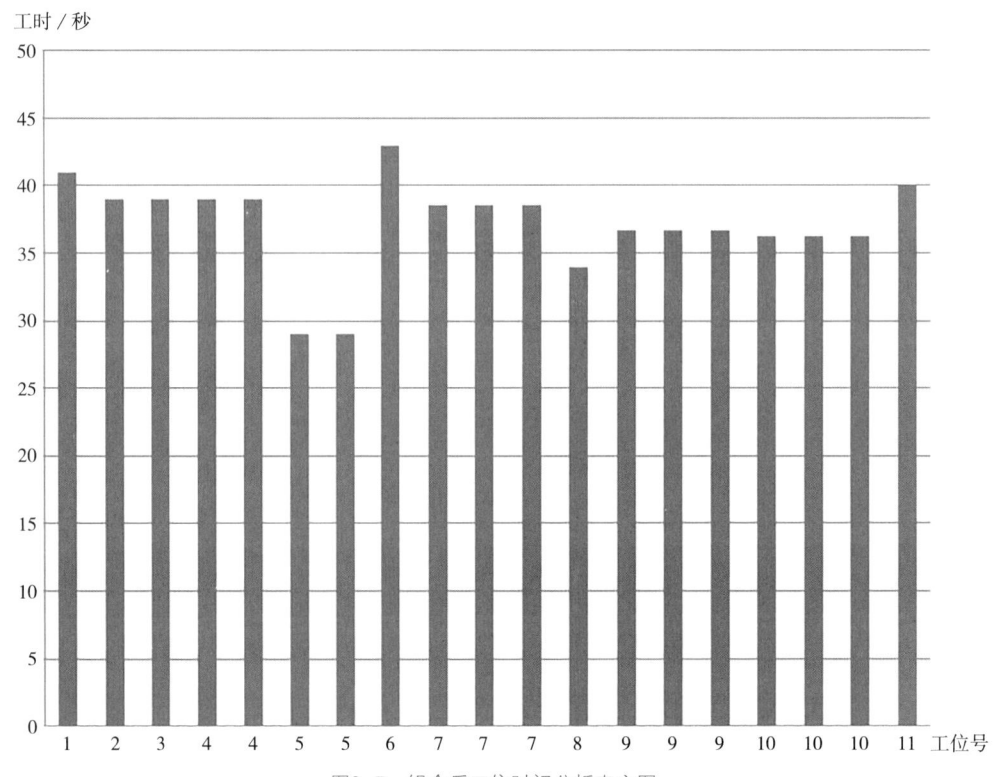

图3-5 组合后工位时间分析直方图

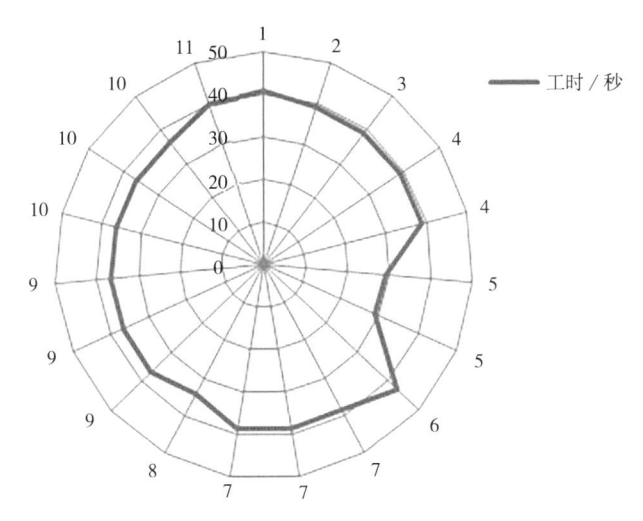

图3-6 组合后工位时间分析雷达图

观察组合工位的直方图和雷达图可以看出，各工位的工时分布集中，工位间的不平衡程度有很大的改善。各组合工位的工时被限制在[34秒，43.5秒]范围内。两者的差值为9.5秒，比值为34∶43.5=1∶1.28，远小于组合前的1∶11.9。插肩袖针织T恤的组合工序中，最高的负荷率为1.13，即组合工位4，平均工时为43.5秒，为本生产案例的瓶颈时间。各工序时间总和为736秒，共有19个工位。

（2）计算组合方案的平衡率

平衡率=[各工序时间总和／（工位数×瓶颈工序时间）]×100%=[$\sum t_i$／（工位数×CT）]×100%=736／（43.5×19）=736／874=89%。85%≤平衡率＜90%，由此判断该流水线方案平衡水平属于良好。

3.1.8 工位安排

工位安排中，直线型的在制品物流路径是双向对流和直线前进叠加混合方式。在工位安排上要关注各组合工位之间的密切关系和排位后在制品的物流路径。

①先安排工位1，然后将和它关系紧密的工位2安排在其对面。因为工序1运领后，领子的半成品要流到工位2处完成工序2的翻领作业，然后返回工位1执行工序3的作业。工位1和工位2关系密切，有来回的在制品流动，放在对面比放在侧边合理。

②工位2中的工序4和工序6都是胸襟作业和前片作业的准备工作，完成工序4和工序5后的在制品要流到工位3去完成工序6和工序7。因此将工位3紧安排在组合工位2的侧边，工位数为2个。

③完成工位3的工序6和工序7后，在制品要流到工位4去完成工序8。工序8完成后，在制品流到工位5去完成工序9，然后流回工位4去完成工序10。工位4中的工序10完

后,在制品流到工位5去完成工序11。因此,工位5安排到工位4的侧面,工位4安排到工位3和工位4的对面。工位5是2个工位,工位4是2个工位。

④工位1中的工序3完成的领子半成品可以传到工位4,和工位4中的工序10完成的半成品一起传递。

⑤工位5中的工序11完成后,在制品流到工位6去完成工序12,因此将工位6安排在工位5的对面,工位6为1个工位。

⑥工位6中的工序12完成后,在制品流到工位7去完成工序13,因此将工位7安排在工位6的侧面,工位7是3个工位。

⑦工位7中的工序13完成后,在制品流到工位8去完成工序14。工位8中的工序14完成后,在制品流到工位7去完成工序15,因此将工位8安排在工位7对面,工位8是1个工位。

⑧工位7中的工序15完成后,在制品流到工位9去完成工序16和工序20,工序16和工序20都是胸襟部位作业,而且不会造成在制品生产中逆流情况。因此将工位9安排在工位8侧面,工位9是3个工位。

⑨工位9中的工序16和工序20完成后,在制品流到工位10去完成工序17和工序18,因此将工位10安排在工位9对面,工位10是3个工位。

⑩工位11中的工序17和工序18完成后,在制品流到工位12去完成工序19,因此将工位12安排在工位11对面,工位12是1个工位。

根据分析,编制工位安排预案,如图3-7所示。

设备	平缝机1+平缝机2	平缝机4+平缝机5	平缝机4+平缝机5	平缝机6	平缝机7+平缝机8	平缝机7+平缝机8	平缝机7+平缝机8	平缝机10+绷缝机1	平缝机10+绷缝机1	平缝机10+绷缝机1
工序号组合	1+3	8+10	8+10	12	13+15	13+15	13+15	17+18	17+18	17+18
工位号	1	4	4	6	7	7	7	10	10	10

工位号	2	3	5	5	8	9	9	9	11
工序号组合	2+4+5	6+7	9+11	9+11	14	16+20	16+20	16+20	19
设备	手工1+手工2+手工3	手工4+平缝机3	包缝机1+包缝机2	包缝机1+包缝机2	包缝机3	平缝机9+平缝机11	平缝机9+平缝机11	平缝机9+平缝机11	绷缝机2

图3-7 插肩袖针织T恤工位安排预案

由安排预案中的物流路径可以看出，生产中的在制品流动路线流畅，无逆流、交叉等现象。平衡处理后的流水线工位安排预案合理，平衡率良好，可以进行工位图的绘制。

3.1.9 工位安排图绘制

对照安排预案的设备数量和位置来进行设备和位置的安排，流水线的形式为直线型，机器和烫台放在长载物台的两侧，上侧共有9台平缝机，2台绷缝机。由于绷缝机1的负荷率为1.29，至少需要2台绷缝机。下侧安排1台烫台，3台包缝机、4台平缝机、1台绷缝机以满足生产需要，如图3-8所示。

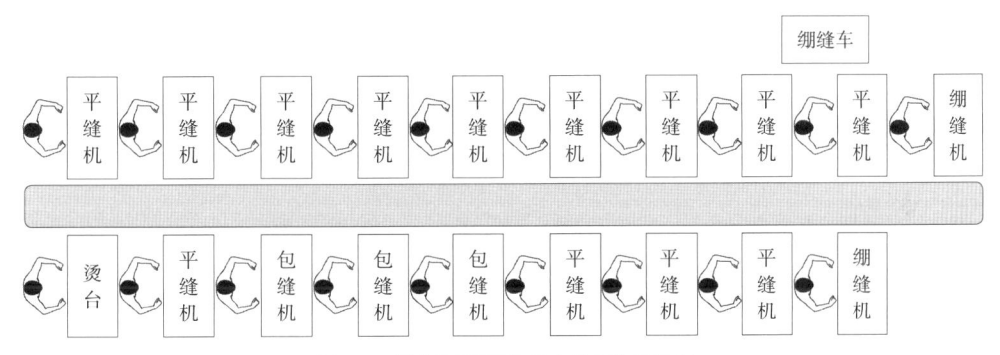

图3-8　插肩袖针织T恤流水线工位安排图

3.2　平脚针织长裤生产线平衡设计

3.2.1　款式特点

直插袋、橡筋头、后侧长驳幅的平脚针织长裤。

3.2.2　工艺说明（图3-9）

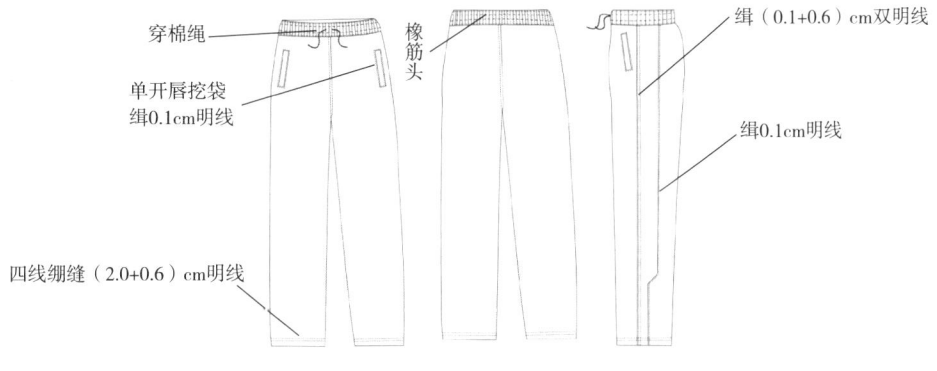

图3-9　平脚针织长裤工艺说明图

3.2.3 工序统计（表3-6）

表3-6 平脚针织长裤工序统计表

工序号	部件	工序名称	设备	工时/秒
1	前片	开袋（落袋唇，大小袋布）连压袋口0.15cm单明线×1	开袋一体机	86.7
2	口袋	缝合大小袋布×2	平缝机	53.2
3	口袋	大小袋布锁边×2	包缝机	39.9
4	后片	后侧缉缝牵条宽×2	平缝机	199.4
5	后片	缝合后中片和后侧片×2	包缝机	132.9
6	后片	后侧面缉0.6cm单明线×2	平缝机	166.2
7	组合	缉缝前裆×1	包缝机	45.0
8	组合	前裆缉0.6cm单明线×1	平缝机	44.9
9	组合	缉缝后裆×1	包缝机	52.7
10	组合	后裆缉0.6cm单明线×1	平缝机	44.9
11	组合	缉缝内侧缝×1	包缝机	119.6
12	组合	缉缝裤侧缝×2	包缝机	132.9
13	组合	裤侧缝绷缝0.6cm双明线×2	绷缝机	132.9
14	组合	绷缝裤脚环口×2	绷缝机	158.4
15	裤头	拼接裤头橡筋（点位四点）	平缝机	32.0
16	裤头	缉缝裤头连包橡筋定位四点×1	平缝机	54.0
17	裤头	绱及裤头×2	包缝机	83.0
18	裤头	缉缝主唛和尺码唛×1	平缝机	105.0
19	裤头	缉缝裤头橡筋×1	橡筋车	65.5
20	裤头	缉缝洗水唛×1	平缝机	25.0
21	裤头	棉绳裤头打套结×1	套结机	70.0

续表

工序号	部件	工序名称	设备	工时／秒
22	裤头	前中裤头点位开竖直扣眼×1	扣眼机	28.0
23	裤头	量剪裤头棉绳×1	手工	19.0
24	裤头	穿裤头绳×1	手工	56.2
25	裤头	量剪裤头橡筋×1	手工	16.0
26	裤头	袋口打套结2cm长×1	套结机	45.0
27	裤头	裆底打套结0.6cm长×1	套结机	28.0
28	裤脚	清剪裤脚×2	手工	42.0
29	裤头	缉缝袋布在裤头×1	平缝机	34.6
30	裤头	拆裤头橡筋定位线×1	手工	34.6
31	裤头	量剪裤头扁机绳×1	手工	6.0
32	裤头	穿裤头扁机绳×1	手工	45.0
总 计				2198.5秒

3.2.4 各工序时间分析直方图

根据平脚针织长裤工序统计表分析得出其工序时间分析直方图（图3-10）。

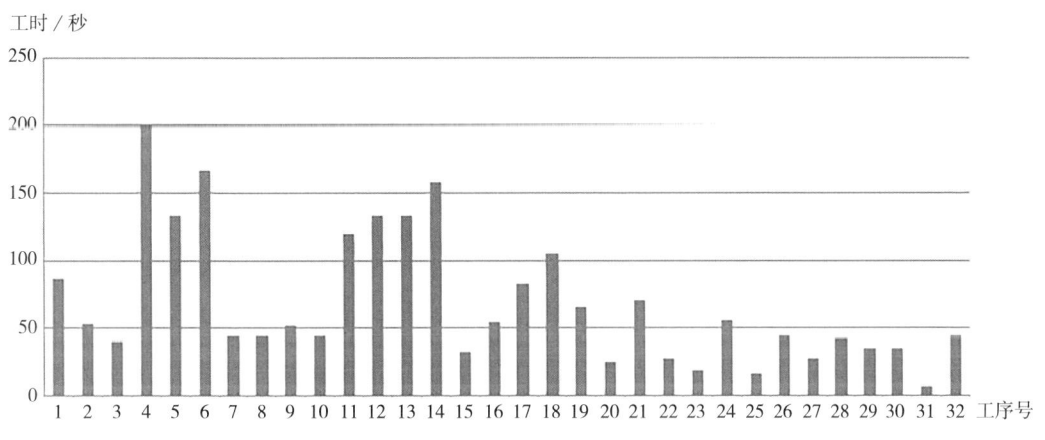

图3-10 平脚针织长裤各工序时间分析直方图

3.2.5　各工序时间分析雷达图

根据平脚针织长裤工序统计表分析得出其工序时间分析雷达图（图3-11）。

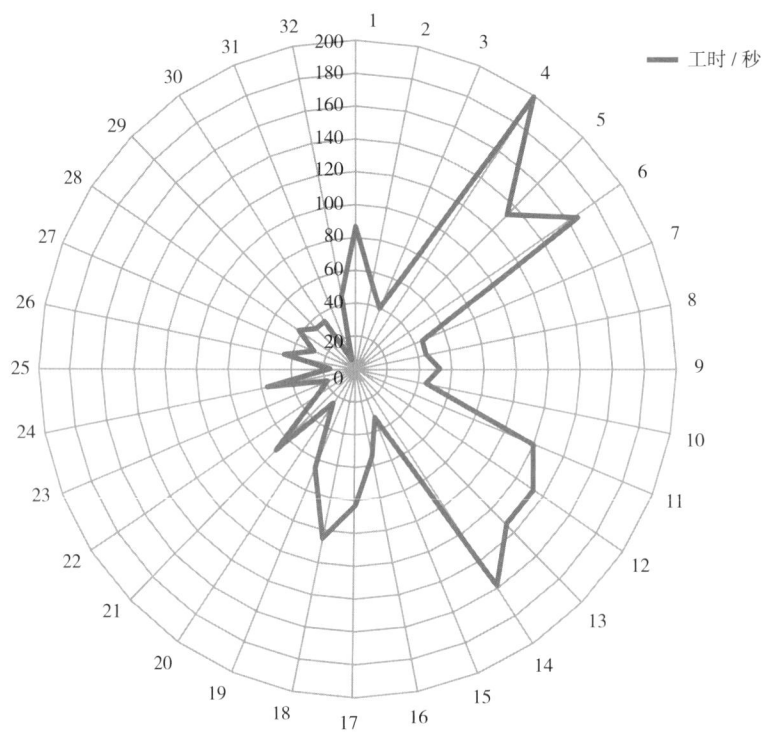

图3-11　平脚针织长裤各工序时间分析雷达图

由直方图和雷达图可以明显看出，工序4是工时最多的工序，为199.4秒，是瓶颈工序。工序31是工时最低的工序，为6.0秒。两者相差193.4秒，比值为6∶199.4＝1∶33.2。整体工序时间较分散，平衡性较差，整体效率不高，需要进行工序的优化组合。

3.2.6　工序优化组合

（1）计算工序负荷率

平脚针织长裤的加工时间总计2198.5秒，拟目标日产量为393件。按日工作时间为8小时，即28800秒计算。生产线节拍＝工作时间／目标日产量＝28800／393＝73.3（秒）。总计2198.5／73.3≈30（人），可以估计组合工位为30个。73.3秒不在100～300秒范围，因此可以调节节拍的倍数，采用2～4件流来增大节拍的时间，减少传递节奏的压力。表3-7是增加了工序负荷率的工序表。

表3-7 平脚针织长裤工序负荷率表

工序号	部件	工序名称	设备	工时/秒	负荷率
1	前片	开袋（落袋唇，大小袋布）连压袋口0.15cm单明线×1	开袋一体机	86.7	1.18
2	口袋	缝合大小袋布×2	平缝机	53.2	0.73
3	口袋	大小袋布锁边×2	包缝机	39.9	0.54
4	后片	后侧缉缝牵条宽×2	平缝机	199.4	2.72
5	后片	缝合后中片和后侧片×2	包缝机	132.9	1.81
6	后片	后侧面缉0.6cm单明线×2	平缝机	166.2	2.27
7	组合	缉缝前裆×1	包缝机	45.0	0.61
8	组合	前裆缉0.6cm单明线×1	平缝机	44.9	0.61
9	组合	缉缝后裆×1	包缝机	52.7	0.72
10	组合	后裆缉0.6cm单明线×1	平缝机	44.9	0.61
11	组合	缉缝内侧缝×1	包缝机	119.6	1.63
12	组合	缉缝裤侧缝×2	包缝机	132.9	1.81
13	组合	裤侧缝绷缝0.6cm双明线×2	绷缝机	132.9	1.81
14	组合	绷缝裤脚环口×2	绷缝机	158.4	2.16
15	裤头	拼接裤头橡筋（点位四点）	平缝机	32.0	0.44
16	裤头	缉缝裤头连包橡筋定位四点×1	平缝机	54.0	0.74
17	裤头	绱及裤头×2	包缝机	83.0	1.13
18	裤头	缉缝主唛和尺码唛×1	平缝机	105.0	1.43
19	裤头	缉缝裤头橡筋×1	橡筋车	65.5	0.89
20	裤头	缉缝洗水唛×1	平缝机	25.0	0.34
21	裤头	棉绳裤头打套结×1	套结机	70.0	0.95
22	裤头	前中裤头点位开竖直扣眼×1	扣眼机	28.0	0.38
23	裤头	量剪裤头棉绳×1	手工	19.0	0.26
24	裤头	穿裤头绳×1	手工	56.2	0.77
25	裤头	量剪裤头橡筋×1	手工	16.0	0.22
26	裤头	袋口打套结2cm长×1	套结机	45.0	0.61

续表

工序号	部件	工序名称	设备	工时／秒	负荷率
27	裤头	裆底打套结0.6cm长×1	套结机	28.0	0.38
28	裤脚	清剪裤脚×2	手工	42.0	0.57
29	裤头	缉缝袋布在裤头×1	平缝机	34.6	0.47
30	裤头	拆裤头橡筋定位线×1	手工	34.6	0.47
31	裤头	量剪裤头扁机绳×1	手工	6.0	0.08
32	裤头	穿裤头扁机绳×1	手工	45.0	0.61
总计				2198.5秒	

（2）按照作业的性质及序号将各工序分类排列（表3-8）

表3-8 平脚针织长裤表工序设备作业分类表

工序号	机器种类	工序名称	工时／秒	负荷率
1	开袋一体机	开袋（落袋唇，大小袋布）连压袋口0.15cm单明线×1	86.7	1.18
2	平缝机1	缝合大小袋布×2	53.2	0.73
4	平缝机2	后侧缉缝牵条宽×2	199.4	2.72
6	平缝机3	后侧面缉0.6cm单明线×2	166.2	2.27
8	平缝机4	前裆缉0.6cm单明线×1	44.9	0.61
10	平缝机5	后裆缉0.6cm单明线×1	44.9	0.61
15	平缝机6	拼接裤头橡筋（点位四点）	32.0	0.44
16	平缝机7	缉缝裤头连包橡筋定位四点×1	54.0	0.74
18	平缝机8	缉缝主唛和尺码唛×1	105.0	1.43
20	平缝机9	缉缝洗水唛×1	25.0	0.34
29	平缝机10	缉缝袋布在裤头×1	34.6	0.47
3	包缝机1	大小袋布锁边×2	39.9	0.54
7	包缝机2	缉缝前裆×1	45.0	0.61
5	包缝机3	缝合后中片和后侧片×2	132.9	1.81
9	包缝机4	缉缝后裆×1	52.7	0.72
11	包缝机5	缉缝内侧缝×1	119.6	1.63

续表

工序号	机器种类	工序名称	工时/秒	负荷率
12	包缝机6	缉缝裤侧缝×2	132.9	1.81
13	绷缝机1	裤侧缝绷缝0.6cm双明线×2	132.9	1.81
14	绷缝机2	绷缝裤脚环口×2	158.4	2.16
19	橡筋车	缉缝裤头橡筋×1	65.5	0.89
17	包缝机7	绱及裤头×2	83.0	1.13
22	纽门机	前中裤头点位开竖直扣眼×1	28.0	0.38
23	手工1	量剪裤头棉绳×1	19.0	0.26
24	手工2	穿裤头绳×1	56.2	0.77
25	手工3	量剪裤头橡筋×1	16.0	0.22
28	手工4	清剪裤脚×2	42.0	0.57
30	手工5	拆裤头橡筋定位线×1	34.6	0.47
31	手工6	量剪裤头扁机绳×1	6.0	0.08
32	手工7	穿裤头扁机绳×1	45.0	0.61
21	套结机1	棉绳裤头打套结×1	70.0	0.95
26	套结机2	袋口打套结2cm长×1	45.0	0.61
27	套结机3	裆底打套结0.6cm长×1	28.0	0.38

（3）组合分析

将工序按类别和尽可能接近节拍和节拍的倍数进行组合。

①开袋一体机的负荷率为1.18，可以作为1个工位。

②平缝机1的负荷率为0.73，较低，留待观察。

③平缝机2负荷率为2.72，由3人承担，平均负荷率为0.91，较接近节拍，可以组合成为3个工位。

④平缝机3负荷率为2.27，由2人承担，平均负荷率为1.14，较接近节拍，可以组合成为2个工位。

⑤平缝机4和平缝机5组合，负荷率为1.22，稍高，再和平缝机6组合，总负荷率为1.66，偏高。若平缝机4、平缝机5和平缝机7相加，组合后的负荷率为1.96，由工人承担，平均负荷率为0.98，接近节拍，可以成为2个组合工位。

⑥平缝机6和平缝机1组合，负荷率为1.17，接近节拍，可以组合为1个工位。

⑦平缝机8、平缝机9和平缝机10工序组合，负荷率为2.24，由2人承担，平均负荷率为1.12，较接近节拍，可以组合成为2个工位。

⑧分析包缝机1~包缝机7作业对应的工序。

⑨包缝机1和包缝机2组合，负荷率为1.15，可以组合为1个工位。

⑩包缝机3的负荷率为1.81，接近节拍的2倍，由2人承担，平均负荷率为0.91，较接近节拍，可以组合成为2个工位。

⑪包缝机4的负荷率为0.72，偏低。包缝机5的负荷率为1.63，偏高，二者组合为2.35，由2人承担，平均负荷率为1.18，较接近节拍，可以成为2个工位。

⑫包缝机6的负荷率为1.81，由2人承担，平均负荷率为0.91，较接近节拍，可以成为2个工位。

⑬包缝机7的负荷率为1.13，可以作为1个工位。

⑭绷缝机1作业只有一个，负荷率为1.81，由2人承担，平均负荷率为0.91，较接近节拍，可以成为2个工位。

⑮绷缝机2作业只有一个，负荷率为2.16，由2人承担，平均负荷率为1.08，较接近节拍，可以成为2个工位。

⑯橡筋车作业只有一个，负荷率为0.89，可以作为1个工位。

⑰套结机1作业对应的负荷率为0.95，较接近节拍，可以作为1个工位。

⑱套结机2和套结机3作业组合，负荷率为0.99，较接近节拍，可以作为1个工位。

⑲扣眼机作业对应的负荷率为0.38，偏低，且是唯一的扣眼机作业，不适合作为独立工序，应和其他工序组合以提高负荷率。扣眼机作业可以和手工1~4作业组合，负荷率为2.2，由2人承担，平均负荷率为1.1，较接近节拍，可以作为2个工位。

⑳手工5、手工6和手工7组合，负荷率为1.16，可以作为1个工位。

按照工序的组合分析，编制平脚针织长裤工序初步组合表（表3-9）。

表3-9 平脚针织长裤工序初步组合表

工序号	设备	工序名称	工时/秒	负荷率	组合后的负荷率
1	前片	开袋（落袋唇，大小袋布）连压袋口0.15cm单明线×1	86.7	1.18	1.18
2	口袋	缝合大小袋布×2	53.2	0.73	1.17
15	裤头	拼接裤头橡筋（点位四点）	32.0	0.44	
4	后片	后侧缉缝牵条宽×2	199.4	2.72	2.72
6	后片	后侧面缉0.6cm单明线×2	166.2	2.27	2.27

续表

工序号	设备	工序名称	工时／秒	负荷率	组合后的负荷率
8	组合	前裆缉0.6cm单明线×1	44.9	0.61	1.96
10	组合	后裆缉0.6cm单明线×1	44.9	0.61	
16	裤头	缉缝裤头连包橡筋定位四点×1	54.0	0.74	
18	裤头	缉缝主唛和尺码唛×1	105.0	1.43	2.24
20	裤头	缉缝洗水唛×1	25.0	0.34	
29	裤头	缉缝袋布在裤头×1	34.6	0.47	
3	口袋	大小袋布锁边×2	39.9	0.54	1.15
7	组合	缉缝前裆×1	45.0	0.61	
5	后片	缝合后中片和后侧片×2	132.9	1.81	1.81
9	组合	缉缝后裆×1	52.7	0.72	2.35
11	组合	缉缝内侧缝×1	119.6	1.63	
12	组合	缉缝裤侧缝×2	132.9	1.81	1.81
13	组合	裤侧缝绷缝0.6cm双明线×2	132.9	1.81	1.81
14	组合	绷缝裤脚环口×2	158.4	2.16	2.16
19	裤头	缉缝裤头橡筋×1	65.5	0.89	0.89
17	裤头	绱及裤头×2	83.0	1.13	1.13
22	裤头	前中裤头点位开竖直扣眼×1	28.0	0.38	2.2
23	裤头	量剪裤头棉绳×1	19.0	0.26	
24	裤头	穿裤头绳×1	56.2	0.77	
25	裤头	量剪裤头橡筋×1	16.0	0.22	
28	裤脚	清剪裤脚×2	42.0	0.57	
30	裤头	拆裤头橡筋定位线×1	34.6	0.47	1.16
31	裤头	量剪裤头扁机绳×1	6.0	0.08	
32	裤头	穿裤头扁机绳×1	45.0	0.61	
21	裤头	棉绳裤头打套结×1	70.0	0.95	0.95
26	裤头	袋口打套结2cm长×1	45.0	0.61	0.99
27	裤头	裆底打套结0.6cm长×1	28.0	0.38	

(4)将组合工序按照生产顺序整理

按照加工顺序，对初步设定的方案进行整理，编制组合工位表（表3-10）。

表3-10 平脚针织长裤组合工位表

工序号	设备	组合后的平均工时/秒	组合后的平均负荷率	组合后的工位数	组合工位号
1	开袋一体机	86.7	1.18	1	1
2+15	平缝机1+平缝机6	85.2	1.17	1	2
3+7	包缝机1+包缝机2	84.9	1.15	1	3
4	平缝机2	66.5	0.91	3	4
5	包缝机3	66.5	0.91	2	5
6	平缝机3	83.1	1.14	2	6
9+11	包缝机4+包缝机5	86.2	1.18	2	7
8+10+16	平缝机4+平缝机5+平缝机7	71.9	0.98	2	8
12	包缝机6	66.5	0.91	2	9
13	绷缝机1	66.5	0.91	2	10
14	绷缝机2	79.2	1.08	2	11
19	橡筋车	65.5	0.89	1	12
18+20+29	平缝机8+平缝机9+平缝机10	82.3	1.12	2	13
17	包缝机7	83.0	1.13	1	14
22+23+24+25+28	扣眼机+手工1+手工2+手工3+手工4	80.6	1.1	2	15
30+31+32	手工5+手工6+手工7	85.6	1.16	1	16
21	套结机1	70.0	0.95	1	17
26+27	套结机2+套结机3	73	0.99	1	18

工序10是后浪面压单明线，工序9是埋后浪，工序9必须安排在工序10的工位前面才不会造成半成品的逆流。裤头裁片开扣眼后，要先送至工序16处，其他工位的工序基本上按统一方向流动。流水线共有29个工位。

3.2.7 组合方案评估

通过数据分析得到组合后各工位工时的直方图（图3-12）和雷达图（图3-13），比较组合前后各工位工时的差异程度和工时分布的集中度。

（1）组合后工位时间分析直方图

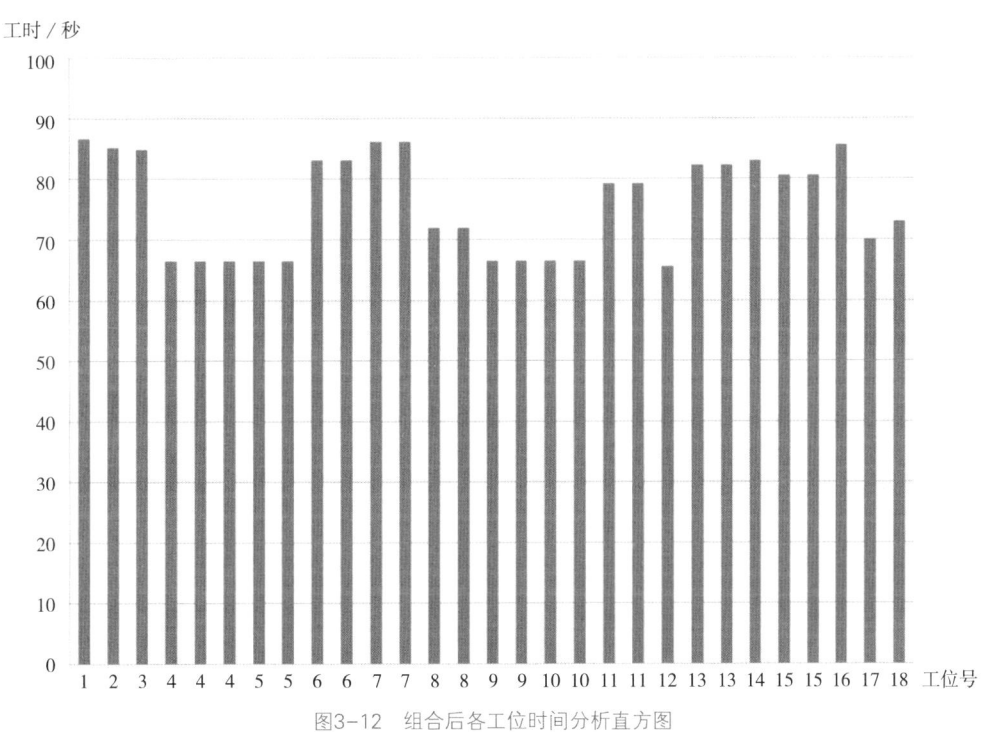

图3-12 组合后各工位时间分析直方图

（2）组合后工位时间分析雷达图

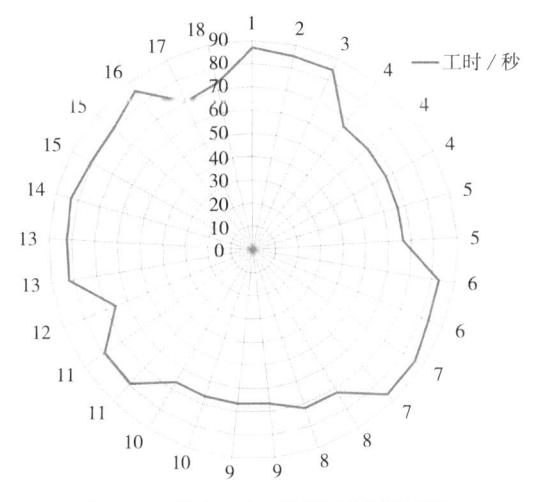

图3-13 组合后各工位时间分析雷达图

对比组合后的工位直方图和对比组合前后的工位雷达图可以明显看出,各工位的工时分布集中。各组合工位的工时被限制在65.5~86.7秒范围内,两者的差值为21.2秒,比值为65.5∶86.7=1∶1.3,远小于组合前的1∶33.2。工位间的不平衡程度有很大改善。

(3)计算组合方案的平衡率

平脚针织长裤各工序时间总和为2198.5秒,最高工时为86.7秒,负荷率为1.18,即工位1,为本生产案例的瓶颈工位。

分析得知,设置的流水线工位为29个。

平衡率=各工序时间总和/(工位数×瓶颈工序时间)×100%=$\sum t_i$/(工位数×CT)×100%=2198.5/(29×86.7)=2198.5/2514.3=87.4%。85%≤平衡率<90%,由此判断该流水线方案平衡水平良好。流水线平衡方案是否可以应用,还要看生产线在制品的物流路径是否通畅。

3.2.8 工位安排

直线型的在制品物流路径是双向对流和直线前进叠加的混合方式。在工位安排上要关注各组合工位之间的密切关系和排位后在制品的物流路径。

①先安排工位1,工位1为1个工位。

②流水线作业从工位1的工序1开始,完成工序1后,半成品流向工位2完成工序2和工序15,所以将和它关系紧密的工位2安排在它的对面。工位2有1个工位。

③完成工序15后,在制品流向工位3完成工序3和工序7,所以把工位3安排在工位2的侧面。工位3有1个工位。

④完成工序7后,在制品流向工位4完成工序4,所以安排工位4在工位3的对面。工位4有3个工位。

⑤完成工序4后,在制品流向工位5完成工序5,所以安排工位5在工位4的对面。工位5有2个工位。

⑥完成工序5后,在制品流向工位6完成工序6,所以安排工位6在工位5的侧面。工位6有2个工位。

⑦完成工序6后,在制品流向工位7完成工序9和工序11,所以安排工位7在工位6的对面。工位7有2个工位。

⑧完成工序11后,在制品流向工位8完成工序8、工序10和工序16,所以安排工位8在工位7的侧面。工位8有2个工位。

⑨完成工序16后,在制品流向工位9完成工序12,所以安排工位9在工位8的对面。

工位9有2个工位。

⑩完成工序12后，在制品流向工位10完成工序13，所以安排工位10在工位9的侧面。工位10有2个工位。

⑪完成工序13后，在制品流向工位11完成工序14，所以安排工位11在工位10的对面。工位11有2个工位。

⑫完成工序14后，在制品流向工位12完成工序19，所以安排工位12在工位11的侧面。工位12有1个工位。

⑬完成工序19后，在制品流向工位13完成工序18、工序20和工序29，所以安排工位13在工位12的对面。工位13有2个工位。

⑭完成工序29后，在制品流向工位14完成工序17，所以安排工位14在工位13的对面。工位14有1个工位。

⑮完成工序17后，在制品流向工位15完成工序23、工序24、工序25和工序28，所以安排工位15在工位14的对面。工位15有2个工位。其中，工序22提前完成，完成后线外送至工位8去完成工序16。

⑯完成工序28后，在制品流向工位16完成工序30、工序31、工序32，所以安排工位16在工位15的对面。工位16有1个工位。

⑰完成工序32后，在制品流向工位17完成工序21，所以安排工位17在工位16的侧面。工位17有1个工位。

⑱完成工序21后，在制品流向工位18完成工序26和工序27，所以安排工位18在工位17的侧面。工位18有1个工位。

⑲在制品正向流动，路径设计理想，只是驳好的橡筋头一直要跟随其他在制品到工位8才开始作业处理。工序22提前完成，完成后送去工位8完成工序16，但不影响整个流水线的流动（图3-14）。

3.2.9　工位安排图绘制

由安排预案中的物流路径可以看出，生产中的在制品流动路线流畅，无逆流、交叉等现象。结合本案例中计算出的平衡率，得出所设计的方案科学可行，有应用价值。按照工位预案表，绘制出工位安排图（图3-15），对照安排预案的设备数量和位置进行设备和设备位置的安排，流水线的形式为直线型，机器和烫台放在长载物台的内侧：上侧共有1台开袋机、7台平缝机、2台绷缝机、1台包缝机、1台橡筋车、2台套结机、1台手工台，下侧安排5台平缝车、5台包缝机、2台绷缝机、2台扣眼机以满足生产需要。

设备	开袋一体机	平缝机2	平缝机2	包缝机4+包缝机5	包缝机4+包缝机5	平缝机4+平缝机5+平缝机7	平缝机4+平缝机5+平缝机7	绷缝机2	绷缝机2	橡筋车	包缝机7	手工5+手工6+手工7	套结机1	套结机2+套结机3
工序号组合	1	4	4	9+11	9+11	8+10+16	8+10+16	14	14	19	17	30+31+32	21	26+27
工位号	1	4	4	7	7	8	8	11	11	12	14	16	17	18

工位号	2	3	5	5	6	6	9	9	10	10	13	13	15	15
工序号组合	2+15	3+7	5	5	6	6	12	12	13	13	18+20+29	18+20+29	22+23+24+25+28	22+23+24+25+28
设备	平缝机1+平缝机6	包缝机1+包缝机2	包缝机3	包缝机3	平缝机3	平缝机3	包缝机6	包缝机6	绷缝机1	绷缝机1	平缝机8+平缝机9+平缝机10	平缝机8+平缝机9+平缝机10	扣眼机+手工1+手工2+手工3+手工4	扣眼机+手工1+手工2+手工3+手工4

图3-14 平脚针织长裤工位安排预案

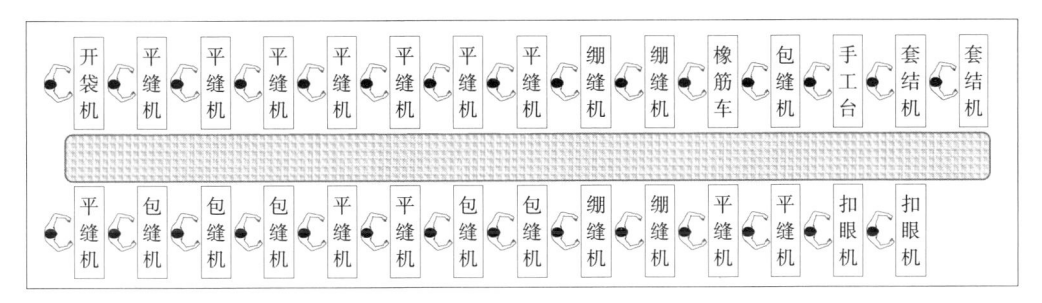

图3-15 平脚针织长裤工位安排图

3.3 高领针织女外套生产线平衡设计

3.3.1 款式特点

高领，前门襟装拉链，前片多处分割，插肩袖，罗纹袋唇口袋。

3.3.2 工艺说明（图3-16）

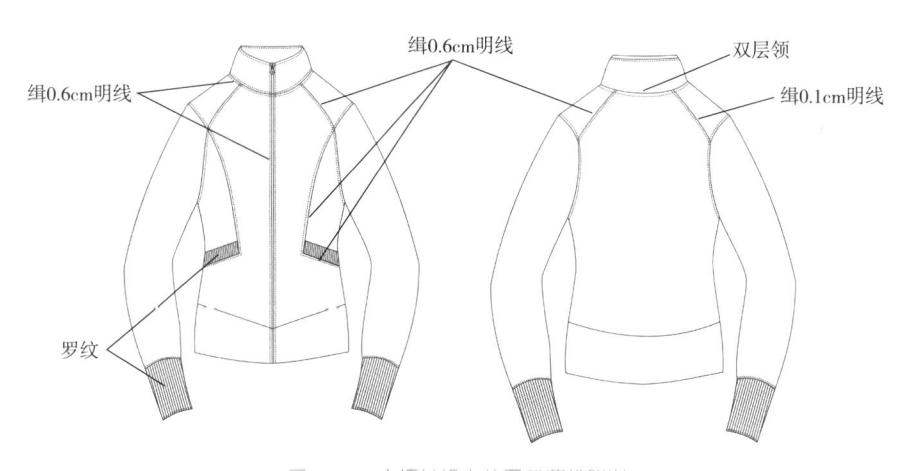

图3-16 高领针织女外套工艺说明图

3.3.3 工序统计（表3-11）

表3-11 高领针织女外套工序统计表

序号	部件	工序名称	设备	工时/秒
1	领子	粘衬机烫领衬×2	粘衬机	20.0
2	领子	平缝机缝合领外口×1	平缝机	27.0
3	领子	手工点前下片袋位×2	手工	26.8

续表

序号	部件	工序名称	设备	工时／秒
4	领花	包缝机锁后领花×1	包缝机	13.5
5	袖口	包缝机锁罗纹袖口×2	包缝机	28.0
6	袖口	平缝机缝合袖口×2	平缝机	29.0
7	贴边	包缝机锁贴边×2	包缝机	40.0
8	衫脚	平缝机缝合原身布衫脚×2	平缝机	33.4
9	前片	平缝机装罗纹袋唇×2	平缝机	40.9
10	前片	平缝机缝小袋布到袋口×2	平缝机	37.1
11	前片	平缝机缉缝袋口0.6cm明线×2	平缝机	37.3
12	前片	包缝机缉缝大袋布到前侧片×2	包缝机	38.0
13	前片	包缝机绱前袖底到前侧片×2	包缝机	38.0
14	前片	平缝机缉前袖面0.6cm单明线×2	平缝机	31.9
15	前片	包缝机缝合肩顶和前侧片×2	包缝机	38.0
16	前片	平缝机缉前上侧拼片0.6cm单明线×2	平缝机	31.9
17	前片	包缝机缝合前上侧片至后袖中连锁袋布散口×2	包缝机	75.1
18	前片	平缝机缉前上侧片至后袖中0.6cm单明线×2	平缝机	53.0
19	后片	平缝机缉缝后领花×1	平缝机	32.0
20	组合	包缝机绱后插肩袖×2	包缝机	48.6
21	组合	平缝机缉后插肩袖0.6cm单明线×2	平缝机	37.1
22	组合	平缝机绱前外领单层一段×2	平缝机	34.9
23	组合	平缝机缝内襟前嘴在内领单层×2	平缝机	35.0
24	组合	平缝机固定内襟脚×2+定衫脚罗纹一段×2	平缝机	56.0
25	组合	平缝机装前中拉链×2	平缝机	118.1
26	组合	平缝机缝合前中内襟贴边×2	平缝机	71.3

续表

序号	部件	工序名称	设备	工时/秒
27	组合	平缝机缝合前内外领一段×2	平缝机	35.0
28	组合	平缝机缉前中拉链边0.6cm单明线至领顶一圈×1	平缝机	120.0
29	组合	平缝机缉缝内襟肩位×2	平缝机	20.0
30	组合	包缝机绱后领×1	包缝机	26.0
31	组合	平缝机缉缝平纹布领织带×1	平缝机	38.0
32	组合	平缝机缉后领织带0.1cm边线×1	平缝机	39.0
33	组合	平缝机缉前领圈0.6cm单明线×2	平缝机	35.0
34	组合	包缝机缝合袖底缝及侧缝连落洗水唛×2	包缝机	84.0
35	组合	包缝机绱罗纹袖口×2	包缝机	59.0
36	组合	包缝机绱原身布衫脚×1	包缝机	49.0
总计		1576.9秒		

3.3.4 各工序时间分析直方图

根据高领针织女外套工序统计表分析得出其各工序时间分析直方图（图3-17）。

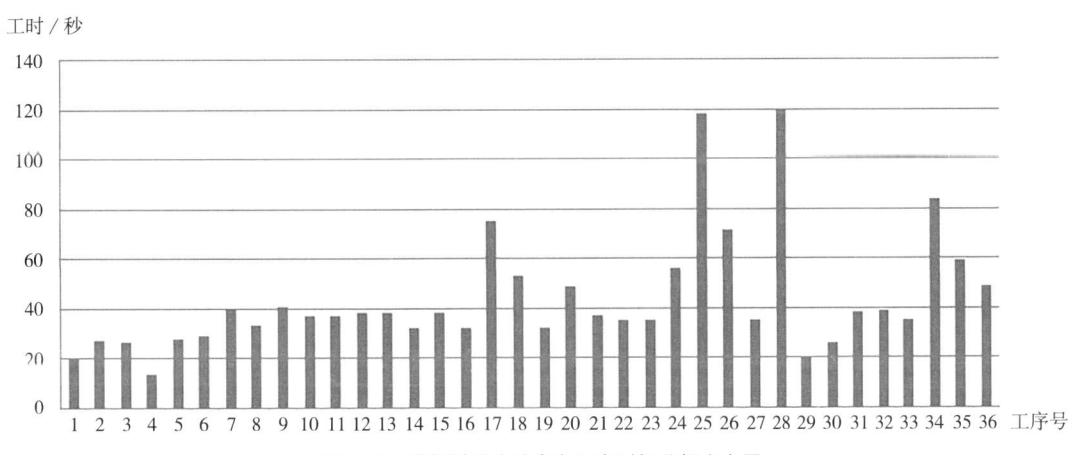

图3-17 高领针织女外套各工序时间分析直方图

3.3.5 各工序时间分析雷达图

根据高领针织女外套工序统计表分析得出其各工序时间分析直方图（图3-18）。

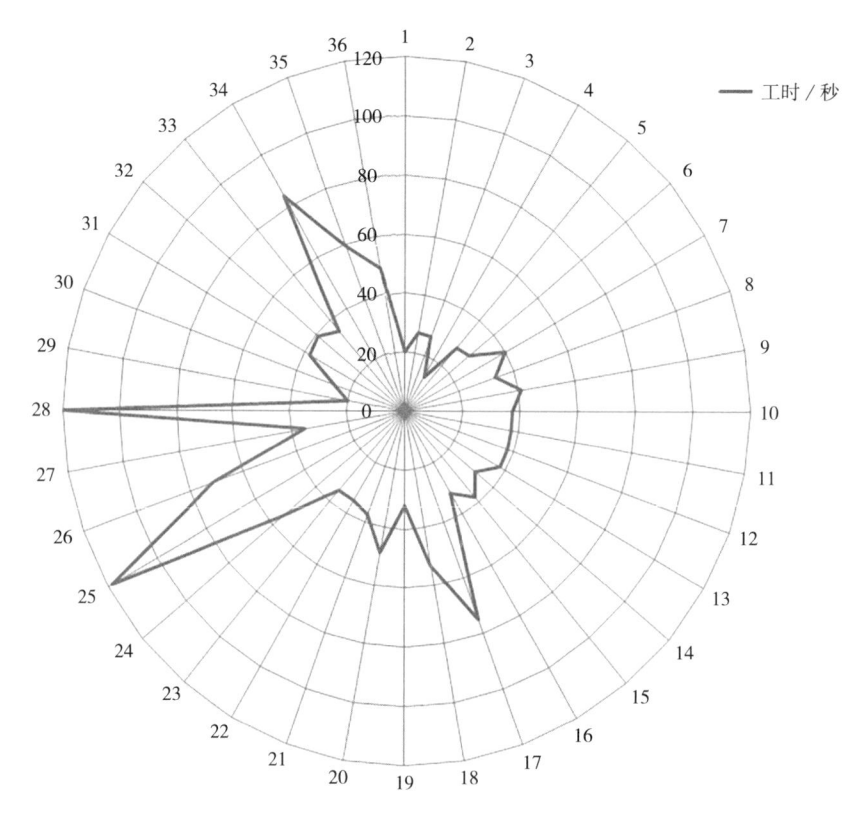

图3-18 高领针织女外套各工序时间分析雷达图

由直方图和雷达图可以明显看出，工序28是工时最多的工序，为120.0秒，是瓶颈工序。工序4是工时最低的工序，为13.5秒。两者的差值为106.5秒，比值为13.5∶120=1∶8.9。由雷达图明显看出，整体工序的时间较分散，导致生产线整体效率不高，需要进行工序的优化组合。

3.3.6 工序优化组合

（1）负荷率计算

拟目标日产量为639件。按日工作时间为8小时，即28800秒计算。

生产线节拍=工作时间／目标日产量=28800／639=45.1（秒）。总计1576.9／45.1≈35（人），可以估计组合工位为35个。45.1秒不在100～300秒范围，因此可以调节节拍的倍数，采用3～6件流来增大节拍的时间，减少传递节奏的压力。表3-12是增加了工序负荷率的工序表。

表3-12 高领针织女外套工序负荷率表

工序号	部件	工序名称	设备	工时／秒	负荷率
1	领子	粘衬机烫领衬×2	粘衬机	20.0	0.44
2	领子	平缝机缝合领外口×1	平缝机	27.0	0.60
3	领子	手工点前下片袋位×2	手工	26.8	0.59
4	领花	包缝机锁后领花×1	包缝机	13.5	0.30
5	袖口	包缝机锁罗纹袖口×2	包缝机	28.0	0.62
6	袖口	平缝机缝合袖口×2	平缝机	29.0	0.64
7	贴边	包缝机锁贴边×2	包缝机	40.0	0.89
8	衫脚	平缝机缝合原身布衫脚×2	平缝机	33.4	0.74
9	前片	平缝机装罗纹袋唇×2	平缝机	40.9	0.91
10	前片	平缝机缝小袋布到袋口×2	平缝机	37.1	0.82
11	前片	平缝机缉缝袋口0.6cm明线×2	平缝机	37.3	0.83
12	前片	包缝机缉缝大袋布到前侧片×2	包缝机	38.0	0.84
13	前片	包缝机绱前袖底到前侧片×2	包缝机	38.0	0.84
14	前片	平缝机缉前袖面0.6cm单明线×2	平缝机	31.9	0.71
15	前片	包缝机缝合肩顶和前侧片×2	包缝机	38.0	0.84
16	前片	平缝机缉前上侧拼片0.6cm单明线×2	平缝机	31.9	0.71
17	前片	包缝机缝合前上侧片至后袖中连锁袋布散口×2	包缝机	75.1	1.67
18	前片	平缝机缉前上侧片至后袖中0.6cm单明线×2	平缝机	53.0	1.18
19	后片	平缝机缉缝后领花×1	平缝机	32.0	0.71
20	组合	包缝机绱后插肩袖×2	包缝机	48.6	1.08
21	组合	平缝机缉后插肩袖0.6cm单明线×2	平缝机	37.1	0.82
22	组合	平缝机绱前外领单层一段×2	平缝机	34.9	0.77
23	组合	平缝机缝内襟前嘴在内领单层×2	平缝机	35.0	0.78
24	组合	平缝机固定内襟脚×2+定衫脚罗纹一段×2	平缝机	56.0	1.24
25	组合	平缝机装前中拉链×2	平缝机	118.1	2.62

续表

工序号	部件	工序名称	设备	工时/秒	负荷率
26	组合	平缝机缝合前中内襟贴边×2	平缝机	71.3	1.58
27	组合	平缝机缝合前内外领一段×2	平缝机	35.0	0.78
28	组合	平缝机缉前中拉链边0.6cm单明线至领顶一圈×1	平缝机	120.0	2.66
29	组合	平缝机缉缝内襟肩位×2	平缝机	20.0	0.44
30	组合	包缝机绱后领×1	包缝机	26.0	0.58
31	组合	平缝机缉缝平纹布领织带×1	平缝机	38.0	0.84
32	组合	平缝机缉后领织带0.1cm边线×1	平缝机	39.0	0.86
33	组合	平缝机缉前领圈0.6cm单明线×2	平缝机	35.0	0.78
34	组合	包缝机缝合袖底缝及侧缝连落洗水唛×2	包缝机	84.0	1.86
35	组合	包缝机绱罗纹袖口×2	包缝机	59.0	1.31
36	组合	包缝机绱原身布衫脚×1	包缝机	49.0	1.09

（2）按照作业的性质及序号将各工序分类排列（表3-13）

表3-13　高领针织女外套工序设备作业分类表

工序号	设备	部位	工序名称	工时/秒	负荷率
1	手工1	领子	粘衬机烫领衬×2	20.0	0.44
3	手工2	领子	手工点前下片袋位×2	26.8	0.59
2	平缝机1	领子	平缝机缝合领外口×1	27.0	0.60
6	平缝机2	袖口	平缝机缝合袖口×2	29.0	0.64
8	平缝机3	衫脚	平缝机缝合原身布衫脚×2	33.4	0.74
9	平缝机4	前片	平缝机装罗纹袋唇×2	40.9	0.91
10	平缝机5	前片	平缝机缝小袋布到袋口×2	37.1	0.82
11	平缝机6	前片	平缝机缉缝袋口0.6cm明线×2	37.3	0.83
14	平缝机7	前片	平缝机缉前袖面0.6cm单明线×2	31.9	0.71
16	平缝机8	前片	平缝机缉前上侧拼片0.6cm单明线×2	31.9	0.71
18	平缝机9	前片	平缝机缉前上侧片至后袖中0.6cm单明线×2	53.0	1.18

续表

工序号	设备	部位	工序名称	工时/秒	负荷率
19	平缝机10	后片	平缝机缉缝后领花×1	32.0	0.71
21	平缝机11	组合	平缝机缉后插肩袖0.6cm单明线×2	37.1	0.82
22	平缝机12	组合	平缝机绱前外领单层一段×2	34.9	0.77
23	平缝机13	组合	平缝机缝内襟前嘴在内领单层×2	35.0	0.78
24	平缝机14	组合	平缝机固定内襟脚×2+定衫脚罗纹一段×2	56.0	1.24
25	平缝机15	组合	平缝机装前中拉链×2	118.1	2.62
26	平缝机16	组合	平缝机缝合前中内襟贴边×2	71.3	1.58
27	平缝机17	组合	平缝机缝合前内外领一段×2	35.0	0.78
28	平缝机18	组合	平缝机缉前中拉链边0.6cm单明线至领顶一圈×1	120	2.66
31	平缝机20	组合	平缝机缉缝平纹布领织带×1	38.0	0.84
32	平缝机21	组合	平缝机缉后领织带0.1cm边线×1	39.0	0.86
33	平缝机22	组合	平缝机缉前领圈0.6cm单明线×2	35.0	0.78
29	平缝机19	组合	平缝机缉缝内襟肩位×2	20.0	0.44
4	包缝机1	领花	包缝机锁后领花×1	13.5	0.30
5	包缝机2	袖口	包缝机锁罗纹袖口×2	28.0	0.62
7	包缝机3	贴边	包缝机锁贴边×2	40.0	0.89
12	包缝机4	前片	包缝机缉缝大袋布到前侧片×2	38.0	0.84
13	包缝机5	前片	包缝机绱前袖底到前侧片×2	38.0	0.84
15	包缝机6	前片	包缝机缝合肩顶和前侧片×2	38.0	0.84
17	包缝机7	前片	包缝机缝合前上侧片至后袖中连锁袋布散口×2	75.1	1.67
20	包缝机8	组合	包缝机绱后插肩袖×2	48.6	1.08
30	包缝机9	组合	包缝机绱后领×1	26.0	0.58
34	包缝机10	组合	包缝机缝合袖底缝及侧缝连落洗水唛×2	84.0	1.86
35	包缝机11	组合	包缝机绱罗纹袖口×2	59.0	1.31
36	包缝机12	组合	包缝机绱原身布衫脚×1	49.0	1.09

（3）组合分析

按照作业的性质和顺序，按节拍进行组合。按照组合尽可能接近节拍和节拍的倍数，对工序进行组合。由于本案例相对复杂，不是简单的单品，在进行组合时，工序表中保留部件项目，在组合时尽可能做到同部位组合和相近工序组合。

①手工1的负荷率为0.44，手工2的负荷率为0.59，2个工序组合负荷率为1.03，接近节拍，可以组合为1个工位。

②平缝机1的负荷率为0.60，较低，平缝机2的负荷率为0.64，组合后的负荷率为1.24，较高，为平衡工时，再进行组合。平缝机1、平缝机2、平缝机3同是部件的前端工序，将3个工序进行组合，负荷率为1.98，由2人承担，平均负荷率为0.99，非常接近节拍，可以组合为2个工位。

③分析前片作业，平缝机4的负荷率为0.91，接近节拍，暂可作为1个工位。

④平缝机5的负荷率为0.82，平缝机6的负荷率为0.83，均较接近节拍，勉强可以成为独立工序。若和平缝机7组合，负荷率为2.36，由2人承担，平均负荷率为1.18，稍高。如果再和平缝机4一起组合，负荷率为3.27，由3个人承担，平均负荷率为1.09，非常接近节拍，适合组合成为3个工位。

⑤平缝机8的负荷率为0.71，较低，需要平衡，与平缝机9组合，负荷率为1.89，由2人承担，平均负荷率为0.95，非常接近节拍，可以成为2个工位。

⑥平缝机10的负荷率偏低，平缝机11的负荷率较接近节拍，2个作业的负荷率相加为1.53，也偏高，需要再进行平衡。再和平缝机12组合，负荷率为2.3，由2人承担，平均负荷率为1.15，较接近节拍，可以组合成为2个工位。

⑦平缝机13的负荷率为0.78，和平缝机14组合，负荷率为2.02，由2人承担，平均负荷率为1.02，非常接近节拍，适合成为2个组合工位。

⑧平缝机15负荷率为2.62，由3人承担，平均符合率为0.87，可以设为3工序。

⑨平缝机16和平缝机17组合的负荷率为2.36，由2人承担，平均负荷率为1.18，可以组合成为2个工位。

⑩平缝机18负荷率为2.66，由3人承担，平均负荷率为0.89，可以组合成为3个工位。

⑪平缝机19的负荷率为0.44，过低，留待观察。

⑫平缝机20的符合率为0.84，可以作为1个工位。

⑬平缝机21的符合率为0.86，较接近节拍，暂作为1个工位。

⑭平缝机22的负荷率为0.78，偏低，需要和其他工位组合来平衡工时，将留待观察的平缝机19调至平缝机22的后面，不会造成半成品逆流，组合的工时为1.22，偏高。再

和平缝机21组合，负荷率为2.08，由2人承担，平均负荷率为1.04，较接近节拍，组合成为2个工位。

⑮包缝机1的负荷率为0.30，过低。包缝机1和包缝机2组合，负荷率为0.92，接近节拍，可以组合为1个工位。

⑯包缝机3负荷率为0.89，较接近节拍，可以独立为1个工位。

⑰包缝机4、包缝机5和包缝机6的负荷率都是0.84，稍低。暂作为3个独立工位。

⑱包缝机7的负荷率为1.67，偏高。包缝机7和包缝机8组合，负荷率为2.75，由3人承担，平均负荷率为0.92，可以组合成为3个工位。

⑲包缝机9的负荷率为0.58，过低，留待观察。

⑳包缝机10和包缝机11组合，负荷率为3.17，由3人承担，平均负荷率为1.06，接近节拍，可以组合成为3个工位。

㉑包缝机12的负荷率为1.09，接近节拍，可以组合成为1个工位。

按分析，编制工序初步组合表（表3-14）。

表3-14　高领针织女外套工序初步组合表

工序号	设备	工序名称	工时/秒	负荷率	组合后的负荷率
1	手工1	粘衬机烫领衬×2	20	0.44	1.03
3	手工2	手工点前下片袋位×2	26.8	0.59	
2	平缝机1	平缝机缝合领外口×1	27.0	0.60	1.98
6	平缝机2	平缝机缝合袖口×2	29.0	0.64	
8	平缝机3	平缝机缝合原身布衫脚×2	33.4	0.74	
9	平缝机4	平缝机装罗纹袋唇×2	40.9	0.91	3.27
10	平缝机5	平缝机缝小袋布到袋口×2	37.1	0.82	
11	平缝机6	平缝机缉缝袋口0.6cm明线×2	37.3	0.83	
14	平缝机7	平缝机缉前袖面0.6cm单明线×2	31.9	0.71	
16	平缝机8	平缝机缉前上侧拼片0.6cm单明线×2	31.9	0.71	1.89
18	平缝机9	平缝机缉前上侧片至后袖中0.6cm单明线×2	53.0	1.18	
19	平缝机10	平缝机缉缝后领花×1	32.0	0.71	2.30
21	平缝机11	平缝机缉后插肩袖0.6cm单明线×2	37.1	0.82	
22	平缝机12	平缝机绱前外领单层一段×2	34.9	0.77	

续表

工序号	设备	工序名称	工时/秒	负荷率	组合后的负荷率
23	平缝机13	平缝机缝内襟前嘴在内领单层×2	35.0	0.78	2.02
24	平缝机14	平缝机固定内襟脚×2+定衫脚罗纹一段×2	56.0	1.24	
25	平缝机15	平缝机装前中拉链×2	118.1	2.62	2.62
26	平缝机16	平缝机缝合前中内襟贴边×2	71.3	1.58	2.36
27	平缝机17	平缝机缝合前内外领一段×2	35.0	0.78	
28	平缝机18	平缝机缉前中拉链边0.6cm单明线至领顶一圈×1	120	2.66	2.66
31	平缝机20	平缝机缉缝平纹布领织带×1	38.0	0.84	0.84
32	平缝机21	平缝机缉后领织带0.1cm边线×1	39.0	0.86	2.08
33	平缝机22	平缝机缉前领圈0.6cm单明线×2	35.0	0.78	
29	平缝机19	平缝机缉缝内襟肩位×2	20.0	0.44	
4	包缝机1	包缝机锁后领花×1	13.5	0.30	0.92
5	包缝机2	包缝机锁罗纹袖口×2	28.0	0.62	
7	包缝机3	包缝机锁贴边×2	40.0	0.89	0.89
12	包缝机4	包缝机缉缝大袋布到前侧片×2	38.0	0.84	0.84
13	包缝机5	包缝机绱前袖底到前侧片×2	38.0	0.84	0.84
15	包缝机6	包缝机缝合肩顶和前侧片×2	38.0	0.84	0.84
17	包缝机7	包缝机缝合前上侧片至后袖中连锁袋布散口×2	75.1	1.67	2.75
20	包缝机8	包缝机绱后插肩袖×2	48.6	1.08	
30	包缝机9	包缝机绱后领×1	26.0	0.58	0.58
34	包缝机10	包缝机缝合袖底缝及侧缝连落洗水唛×2	84.0	1.86	3.17
35	包缝机11	包缝机绱罗纹袖口×2	59.0	1.31	
36	包缝机12	包缝机绱原身布衫脚×1	49.0	1.09	1.09

（4）将各组合工序按照生产顺序整理

按照基本工序对组合工位进行整理。留待观察的工序30可以和工序28组合，组合后的负荷率为3.24，由3个人承担，平均负荷率为1.08，接近节拍，可以设立3个组合工位，见表3-15。

表3-15 高领针织女外套组合工位表

组合工位号	工序号	设备	组合工时/秒	组合负荷率	组合工位数
1	1+3	手工1+手工2	46.8	1.03	1
2	4+5	包缝机1+包缝机2	41.5	0.92	1
3	2+6+8	平缝机1+平缝机2+平缝机3	89.4	1.98	2
4	7	包缝机3	40.0	0.89	1
5	9+10+11+14	平缝机4+平缝机5+平缝机6+平缝机7	147.2	3.27	3
6	12	包缝机4	38.0	0.84	1
7	13	包缝机5	38.0	0.84	1
8	15	包缝机6	38.0	0.84	1
9	16+18	平缝机8+平缝机9	84.9	1.89	2
10	17+20	包缝机7+包缝机8	123.7	2.75	3
11	19+21+22	平缝机10+平缝机11+平缝机12	104	2.3	2
12	23+24	平缝机13+平缝机14	91	2.02	2
13	25	平缝机15	118.1	2.62	3
14	26+27	平缝机16+平缝机17	106.3	2.36	2
15	28+30	平缝机18+包缝机9	146	3.24	3
16	31	平缝机20	38.0	0.84	1
17	32+33+29	平缝机21+平缝机22+平缝机19	94	2.08	2
18	34+35	包缝机10+包缝机11	143	3.17	3
19	36	包缝机12	49.0	1.09	1

3.3.7 组合方案评估

高领针织女外套各工序时间总和为1576.9秒，共有35个工位。平均负荷率最高的工位是工位14，负荷率为1.18，平均工时为53.15秒，为瓶颈工位。平衡率=各工序时间总和／（工位数×瓶颈工序时间）×100%=$\sum t_i$／（工位数×CT）×100%=1576.9／（53.15×35）=1576.9／1860.25 =85%。85%≤平衡率<90%，该方案平衡水平良好。

方案中，也可以将工位16和工位14组合以降低负荷率。组合后的负荷率为3.2，由3人承担，平均负荷率为1.07。此时，方案中的工位11的负荷率最高，平均负荷率为1.15，工时为52秒，成为修改后方案的瓶颈工位。

修改后的平衡率=各工序时间总和／（工位数×瓶颈工序时间）×100%=$\sum t_i$／（工位数×CT）×100%=1576.9／（35×52）=1576.9／1820 =87%，提高了2%的平衡率，见表3-16。

表3-16　调整后的高领针织女外套组合工位表

组合工位号	工序号	设备	平均工时／秒	平均负荷率	组合工位数
1	1+3	手工1+手工2	46.8	1.03	1
2	4+5	包缝机1+包缝机2	41.5	0.92	1
3	2+6+8	平缝机1+平缝机2+平缝机3	44.7	0.99	2
4	7	包缝机3	40.0	0.89	1
5	9+10+11+14	平缝机4+平缝机5+平缝机6+平缝机7	49.1	1.09	3
6	12	包缝机4	38.0	0.84	1
7	13	包缝机5	38.0	0.84	1
8	15	包缝机6	38.0	0.84	1
9	16+18	平缝机8+平缝机9	42.5	0.95	2
10	17+20	包缝机7+包缝机8	41.2	0.92	3
11	19+21+22	平缝机10+平缝机11+平缝机12	52	1.15	2
12	23+24	平缝机13+平缝机14	45.5	1.01	2
13	25	平缝机15	39.4	0.87	3
14	26+27+31	平缝机16+平缝机17+平缝机20	48.1	1.07	3
15	28+30	平车18+包缝机9	48.7	1.08	3
16	32+33+29	平缝机21+平缝机22+平缝机19	47	1.04	2
17	34+35	包缝机10+包缝机11	47.7	1.06	3
18	36	包缝机12	49.0	1.09	1

调整后的方案中，工位数不变，工位号由1~19变为1~18。

从分析组合编排后工位时间分析直方图（图3-19）和组合工位时间分析雷达图（图3-20）明显看出，组合工位的平衡性大大改善，组合工位时间雷达图分布较集中，各组合工位的工时被限制在[38秒，52秒]。两者的差值为14秒，比值为38∶52=1∶1.4，小于组合前的1∶8.9。工位间的不平衡程度有很大的改善。

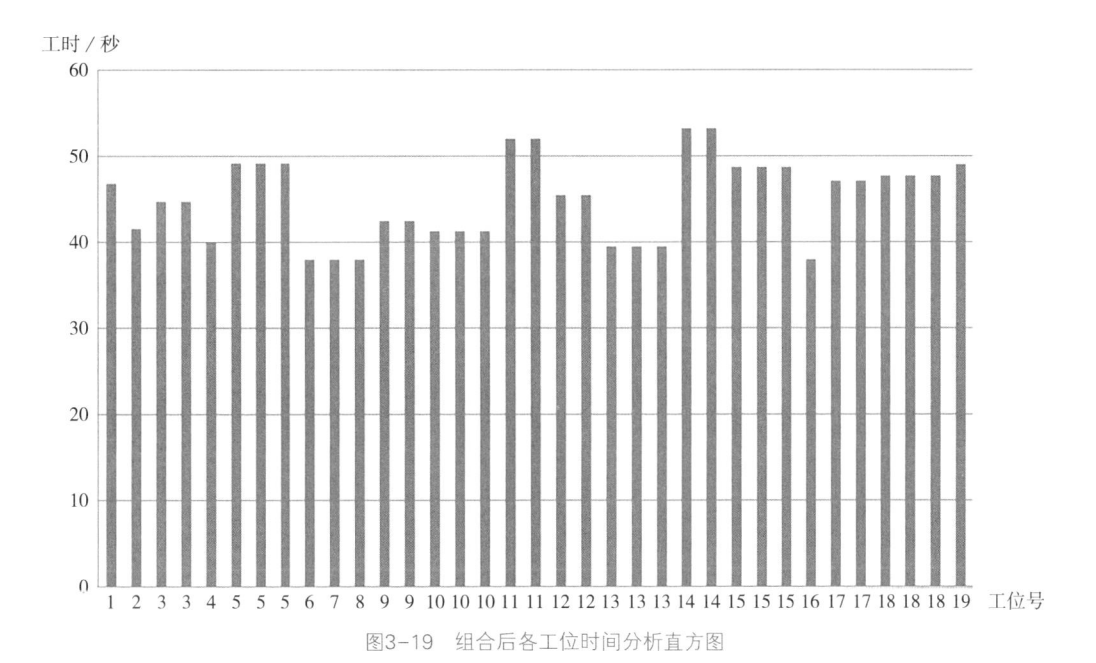

图3-19　组合后各工位时间分析直方图

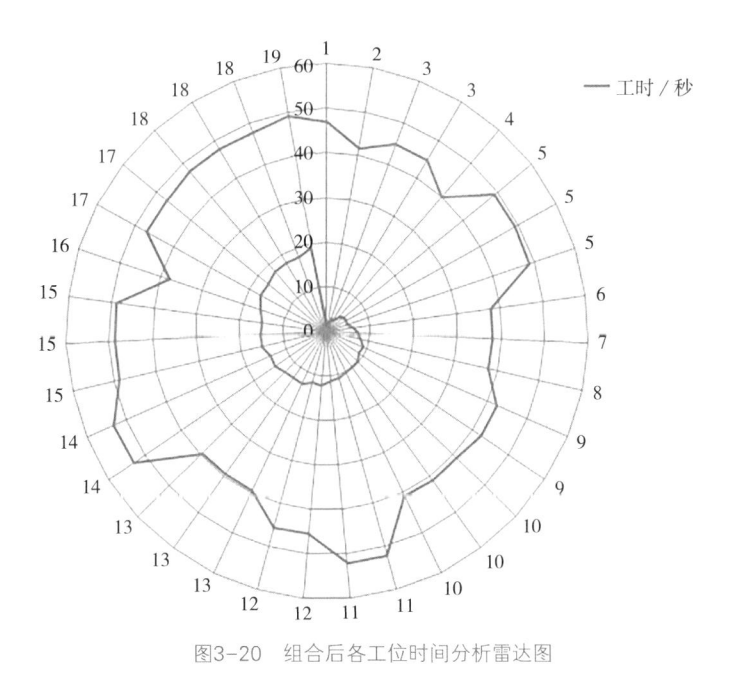

图3-20　组合后各工位时间分析雷达图

3.3.8　工位安排

①先安排工位1，完成工序1后，流到工位3去完成工序2。所以工位3安排在工位1对面，共有2个工位3。工位3完成的半成品直接流转到工位10，之后随着工位10的半成品传送。

②工位3中的工序6的前序工序是工位2的工序5，因此把工位2放在工位3的对面，共有1个工位2。在工位2完成工序5之后，半成品流到工位3去完成工序6。其中，工位2中的工序4完成的半成品也一起流到工位3直到工位11中去完成工序19。

③工位4是工序7的前端工序，与它相关的下一个工位是工位12，工位4只需要排在工位12的旁边就可以。共有1个工位4。

④工位5是要接工位1的工序3的半成品来连续完成工序9到工序11的任务，因此尽可能安排接近工位1。工位5安排在工位2的旁边，共有3个工位5。工位1的工序3完成后的半成品直接传到工位5。

⑤工位6要完成的是工序12的任务，没有前序工序。它的后序作业是工位7中的工序13的任务，再后续是完成工位5的工序14的任务，因此，工位6和工位7要安排到工位5的对面。共有1个工位6、1个工位7。

⑥工位8中的工序15，它的半成品材料需要从工位5的工序11完成后转入。因此，将工位8安排在工位5的对面，共有1个工位8。

⑦工位9工序16的前序工序是工序15，将工位9安排在工位8的对面。共有2个工位9。工序16完成后，半成品流至工位10完成工序17，因此工位10安排到工位9的对面，并有3个工位10。

⑧工序17完成后，流回工位9去完成工序18，前片的口袋、拼合、袖子及缝份处的缉线完成。

⑨工位11中的工序21的前序工序是工位10的工序20，因此将工位11安排在工位10的对面，共有2个工位11。完成工序20后，半成品由工位10流入工位11去完成工序21和工序22。后片领花、插肩袖、拼缝和袖子及缝份处的缉线完成。

⑩工位12的工序23的制作材料来自工位4的工序7。先安排工位4在工位11的对面，工位12紧跟着安排在工位4的旁边。工位4的工序7完成后，流到工位12去完成工序23和工序24。共有2个工位12。工序24完成后，半成品由工位12流入工位13去完成工序25。工位25适合安排在工位12的对面，共有3个工位13。

⑪工序25完成后，半成品流入工位14去完成工序26和工序27。工位14安排在工位13的对面，共有3个工位14。

⑫工序27完成后半成品流入工位15去完成工序28，工位15安排在工位14的对面，共有3个工位15。

⑬工序28完成后，半成品流入工位16去完成工序29。工位16的工序29完成后流到工位15去完成工序30。再由工位15流入工位14去完成工序31。再由工位14流入工位16去完成工序32和工序33。工位16适合安排在工位15的对面、工位14的旁边，共有2个工

位16。

⑭工序33完成后，半成品由工位16流入工位17去完成工序34和工序35。工位17适合安排在工位16的对面，共有3个工位17。

⑮工序35完成后，半成品由工位17流向工位18去完成工序36，工位18适合安排在工位17的对面。共有1个工位18。

按照组合分析，编制工位安排预案，见表3-17。

由安排预案中的物流路径可以看出，生产中的在制品流动路线流畅，无逆流、交叉等现象。再结合计算出的平衡率87%指标，得出所设计的方案科学可行，有应用价值。可以按照工位预案，绘制出工位安排图。

3.3.9 工位安排图绘制

对照安排预案的设备数量和位置来进行设备和位置的安排，流水线的形式为直线型，机器和烫台放在长载物台的两侧，上侧共有1台烫台、4台包缝机、13台平缝机。下侧安排9台平缝机、8台包缝机来满足生产需要（图3-21）。

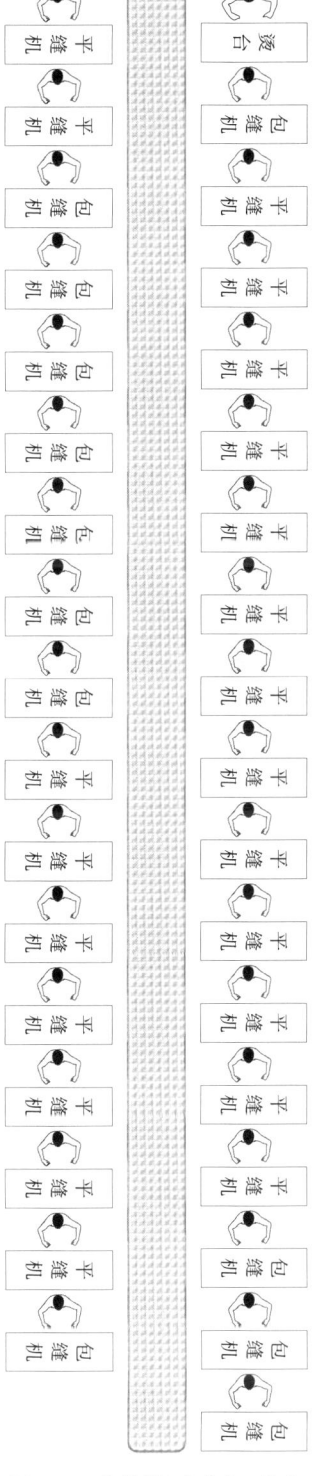

图3-21 高领针织女外套工位安排图

表3-17 高领针织女外套工位安排预案

设备	手工1+手工2	包缝机1+包缝机2	平缝机4+平缝机5+缝机6+平缝机7	平缝机4+平缝机5+缝机6+平缝机7	平缝机5+平缝机6+平缝机7	平缝机8+平缝机9	平缝机8+平缝机9	平缝机10+平缝机11+平缝机12	平缝机10+平缝机11+平缝机12	平缝机	平缝机	平缝机18+包缝机9	平缝机18+包缝机9	平缝机18+包缝机9	包缝机10	包缝机10	包缝机10
工序号组合	1+3	4+5	9+10+11+14	9+10+11+14	9+10+11+14	16+18	16+18	19+21+22	19+21+22	25	25	28+30	28+30	28+30	34+35	34+35	34+35
工位号	1	2	5	5	5	9	9	11	11	13	13	15	15	15	17	17	17

工位号	3	3	6	7	8	10	10	10	12	12	14	14	14	16	16	18
工序号组合	2+6+8	2+6+8	12	13	15	17+20	17+20	17+20	23+24	23+24	26+27+31	26+27+31	26+27+31	32+33+29	32+33+29	36
设备	平缝机1+平缝机2+平缝机3	平缝机1+平缝机2+平缝机3	包缝机4	包缝机5	包缝机6	包缝机7+包缝机8	包缝机7+包缝机8	包缝机7+包缝机8	平缝机13+平缝机14	平缝机13+平缝机14	平缝机18	平缝机18	平缝机18	平缝机21+平缝机22+平缝机19	平缝机21+平缝机22+平缝机19	包缝机12

第4章 集团式生产线平衡设计

集团式加工生产线适用工序多且复杂的服装。流水线按照服装的加工部件分单元进行工位安排和分工。每个单元由相应的人员和设备组成。各单元之间的加工节拍一致。例如，上衣缝制集团式流水线安排，将服装加工流水线分成前身加工、后身加工、袖子加工、领子加工、组合工序等。各单元相对独立又互相关联，也可以适当地组合，单元间工时平衡，保证整个流水线按节拍节奏进行生产（图4-1）。

部件A单元	部件B单元	部件C单元	部件D单元
组合G单元	组合F单元	组合E单元	

图4-1 集团式工位安排图

4.1 集团式生产线工位优化步骤

分析款式特点及工艺→工序统计→单元划分和工序负荷率分析→各单元内优化组合及各单元工位安排→各单元组合后的工位的平衡程度评估→总集团的流水线的工位安排。

各单元优化组合时，是首先进行各作业的分类排序，其次将各类别的工序按节拍进行组合，组合后按工序的基本顺序进行排序，分析组合后的工序的平衡状态。工位排列方案采用面对面的直线式排位方案或圆桌式排位方案。

4.2 男衬衫生产线平衡设计

4.2.1 款式特点

明门襟，钝角胸袋，后育克，过肩设计，直角袖口，袖口收双褶，标准的大小绣花条，领尖钉一粒扣，下摆侧缝处装2块小三角贴布。

4.2.2 工艺说明（图4-2）

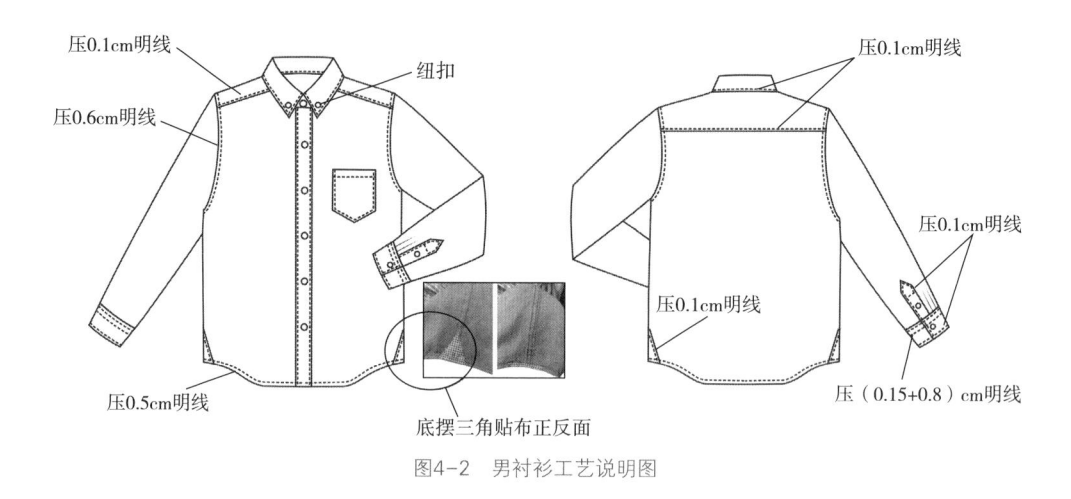

图4-2 男衬衫工艺说明图

4.2.3 工序统计（表4-1）

表4-1 男衬衫工序统计表

工序号	部件名称	工序描述	设备	工时／秒
1	贴袋	实样扣烫袋口×1	烫台	15.3
2	贴袋	实样折烫贴袋×1	烫台	18.5
3	贴袋	电脑平缝机缉缝袋口×1	电脑平缝机	10.6
4	前片	点胸袋位×1	手工	8.79
5	前片	电脑平缝机明缉缝胸袋×1	电脑平缝机	45.7
6	前片	电脑平缝机卷缝里襟×1	电脑平缝机	13.5
7	前片	双针锁链机缉缝左门襟贴边	双针锁链机	14.6
8	前片	手工修剪前片×2	手工	22.4
9	前片	缉缝洗水唛及对照唛及产地唛×1	电脑平缝机	19.7
10	前片	缉缝前片洗水唛×1	电脑平缝机	9.6
11	后片	手工点主唛位×1	手工	1.2
12	后片	缉缝主唛及洗水唛同时夹尺码唛×1	电脑平缝机	33.4
13	后片	固定后片活褶2个×1	电脑平缝机	16.6
14	后片	合后育克（用拉筒）×1	电脑平缝机	43.8
15	后片	烫平连修剪后育克×1	烫台	34.4

续表

工序号	部件名称	工序描述	设备	工时/秒
16	领子	电脑模板机缝合上领×1	电脑模板机	7.1
17	领子	切刀车修上领×1	无针切刀车	9.5
18	领子	专机翻上领角×1	脚动翻领机	6.1
19	领子	烫上领子×1	烫台	21.9
20	领子	缉领三边0.5cm明线×1	电脑平缝机	17.2
21	领子	实样折烫领座下口×1	烫台	14.2
22	领子	模板合上下领×1	电脑平缝机	36.8
23	领子	切刀车修合上下领缝份×1	无针切刀车	7.9
24	领子	手工翻领嘴×1	手工	11.3
25	领子	熨烫领座上口×1	烫台	22
26	领子	切刀车修外领座下口×1	无针切刀车	6.7
27	领子	手工点内外领座三刀眼连点尺码唛位	手工	12.9
28	袖子	缉缝小袖衩（用拉筒）×2	电脑平缝机	18.1
29	袖子	实样扣烫大袖衩×2	烫台	60.6
30	袖子	缉缝大袖衩×2及封衩顶×2	电脑平缝机	107
31	袖子	缉缝袖头面边线×2	电脑平缝机	17.2
32	袖子	切刀车缉袖头×2	电脑平缝机切刀车	44.7
33	袖子	修袖头圆角2个×2	手工	7.5
34	袖子	翻袖头连定型×2	翻袖头机	18.6
35	袖子	缉袖头边线	电脑平缝机	26.6
36	组合	合肩连缉0.1cm明线×1	电脑平缝机	67.8
37	组合	双针锁链缉缝拉筒及绱袖×1	双针锁链机	59.3
38	组合	缉袖窿0.6cm明线×1	电脑平缝机	64.5
39	组合	手工修剪袖底缝×2	手工	10.7
40	组合	锁侧缝一段×2	电脑平缝机	46.2
41	组合	缝合袖底缝及侧缝×1	双针埋夹机	56.2
42	组合	固定后领圈襻上端×1	电脑平缝机	10.1

续表

工序号	部件名称	工序描述	设备	工时/秒
43	组合	绱领×1	电脑平缝机	44.1
44	组合	缉领座上下口一周0.1cm线×1	电脑平缝机	75
45	组合	实样扣烫三角贴布×2	烫台	62
46	组合	缉侧缝三角贴布0.1cm明线×2	电脑平缝机	32.2
47	组合	缉缝侧缝三角×2	电脑平缝机	52.4
48	组合	点袖衩长短位置×2	手工	23.8
49	组合	绱袖头及收褶×2	电脑平缝机	75.6
50	组合	缉袖头明线×1	电脑平缝机	64.2
51	组合	卷缉下摆边0.5cm明线	电脑平缝机	57.9
52	专机	打套结×2	电脑套结机	12.9
53	专机	锁平眼×12	单头平眼车	80.4
54	专机	实样点领尖扣位×2	手工	14.3
55	专机	点纽扣位×13	手工	40.5
56	专机	专机钉四眼扣×13	钉扣车	134.6
总　计			1866.69	

4.2.4　各单元工位组合

集团式流水线编排需要进行工位单元组别划分，再进行节拍的设计。在本案例男衬衫中，第一单元的划分首先应该是贴袋缝制单元，但贴袋的工序较少，又和前片工序有密切关系，因此将贴袋和前片作业归为前片缝制。第二单元归为后片缝制单元。第三单元为领子缝制单元。第四单元为袖子缝制单元。第五单元为组合缝制单元。

男衬衫的总操作时间为1866.69秒，若按50人计算，生产线节拍=操作时间/人数=1866.69/50=37.3（秒）。由节拍可以计算日产量。日产量=工作时间/节拍=28800/37.3=772（件）。

（1）第一单元前片缝制的工位组合

①工序负荷率计算。

第一单元包括贴袋缝制作业和前片缝制作业，共有10个工序，3个类别设备，即烫台、电脑平缝机、双针锁链机。最低工时为8.79秒，最高工时为45.7秒，考察各工序的负荷率，单元平衡率差，需要进行优化组合，见表4-2。

表4-2 第一单元前片缝制工序负荷率表

工序号	部件名称	工序描述	设备	工时/秒	负荷率
1	贴袋	实样扣烫袋口×1	烫台	15.3	0.41
2	贴袋	实样折烫贴袋×1	烫台	18.5	0.50
3	贴袋	电脑平缝机缉缝袋口×1	电脑平缝机	10.6	0.28
4	前片	点胸袋位×1	手工	8.79	0.24
5	前片	电脑平缝机明缉缝胸袋×1	电脑平缝机	45.7	1.23
6	前片	电脑平缝机卷缝里襟×1	电脑平缝机	13.5	0.36
7	前片	双针锁链机缉缝左门襟贴边	双针锁链机	14.6	0.39
8	前片	手工修剪前片×2	手工	22.4	0.60
9	前片	缉缝洗水唛及对照唛及产地唛×1	电脑平缝机	19.7	0.53
10	前片	缉缝前片洗水唛×1	电脑平缝机	9.6	0.26

②工序分类调整和优化组合。

首先以同种作业合并原则进行归类排序，其次按照节拍尽可能一致的原则进行组合，最后按组合工位中的原始工序顺序进行排序，安排好设备的位置，保证在制品生产时传动的流畅性。

a.将工序1和工序2的负荷率相加为0.91。适合成为1个工位。

b.工序4和工序8的负荷率相加为0.84，较接近节拍。暂作1个工位。

c.工序3、工序5和工序6作业组合，负荷率为1.87，由2人承担，平均负荷率为0.99，非常接近节拍，适合成为组合工位。

d.工序9和工序10组合，负荷率为0.79，较低，需要和其他工位再组合。

e.双针锁链车1作业，负荷率为0.39。过低，必须和其他工序组合。

按照分析编写第一单元前片缝制工位初步组合表（表4-3）。

表4-3 第一单元前片缝制工位初步组合表

工序号	部件名称	工序描述	设备	工时/秒	负荷率	组合负荷率
1	贴袋	实样扣烫袋口×1	手工1	15.3	0.41	0.91
2	贴袋	实样折烫贴袋×1	手工2	18.5	0.50	
4	前片	点胸袋位×1	手工3	8.79	0.24	0.84
8	前片	手工修剪前片×2	手工4	22.4	0.60	

续表

工序号	部件名称	工序描述	设备	工时／秒	负荷率	组合负荷率
3	贴袋	电脑平缝机缉缝袋口×1	电脑平缝机1	10.6	0.28	1.87
6	前片	电脑平缝机卷缝里襟×1	电脑平缝机2	13.5	0.36	
5	前片	电脑平缝机明缉缝胸袋×1	电脑平缝机3	45.7	1.23	
9	前片	缉缝洗水唛及对照唛及产地唛×1	电脑平缝机4	19.7	0.53	0.79
10	前片	缉缝前片洗水唛×1	电脑平缝机5	9.6	0.26	
7	前片	双针锁链机缉缝左门襟贴边	双针锁链机1	14.6	0.39	0.39

③修正方案。

为提高生产线的平衡度，需要重新调整工序组合的方案。可以采用机器作业和手工作业搭配的方式来解决负荷率偏高的问题。

双针锁链车作业的组合对象较为理想的是手工作业，可以尝试工序7和工序8组合，组合后的负荷率为0.99，接近节拍，适合组合成为1个工位。这个组合也有利于在制品的单方向流转。工序3和工序4、工序6组合，组合负荷率为0.88，接近节拍，适合成为1个工位。工序5负荷率略高，需要降低负荷率，工序5、工序9和工序10组合，负荷率为2.02，由2人承担，负荷率为1.01，接近节拍，适合成为1个工位。工序1和工序2组合不变（表4-4）。

表4-4 第一单元前片缝制组合工序修正表

工序号	部件名称	工序描述	设备	工时／秒	负荷率	组合负荷率
1	贴袋	实样扣烫袋口×1	手工1	15.3	0.41	0.91
2	贴袋	实样折烫贴袋×1	手工2	18.5	0.50	
4	前片	点胸袋位×1	手工3	8.79	0.24	0.88
3	贴袋	电脑平缝机缉缝袋口×1	电脑平缝机1	10.6	0.28	
6	前片	电脑平缝机卷缝里襟×1	电脑平缝机2	13.5	0.36	
5	前片	电脑平缝机明缉缝胸袋×1	电脑平缝机3	45.7	1.23	2.02
9	前片	缉缝洗水唛及对照唛及产地唛×1	电脑平缝机4	19.7	0.53	
10	前片	缉缝前片洗水唛×1	电脑平缝机5	9.6	0.26	
7	前片	双针锁链机缉缝左门襟贴边	双针锁链机1	14.6	0.39	0.99
8	前片	手工修剪前片×2	手工4	22.4	0.60	

④工位排序表。

将修正方案中的各工序进行归类排序,定出工位号,编排出对应的工位数,见表4-5。

表4-5 第一单元前片缝制组合工位排序表

工位号	工序号	设备	工时/秒	组合负荷率	工位数
1	1+2	手工1+手工2	33.8	0.91	1
2	4+3+6	手工3+电脑平缝机1+电脑平缝机2	32.9	0.88	1
3	5+9+10	电脑平缝机3+电脑平缝机4+电脑平缝机5	75	2.02	2
4	7+8	双针锁链机1+手工4	37	0.99	1

⑤第一单元组合后工时分析直方图(图4-3)。

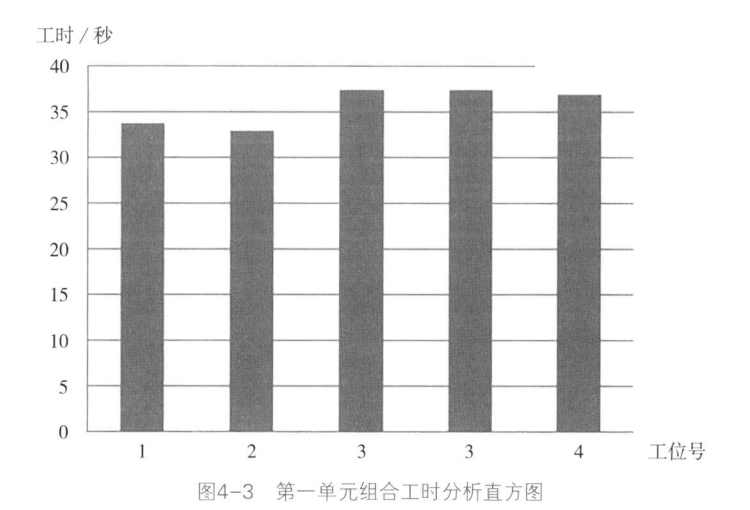

图4-3 第一单元组合工时分析直方图

由直方图可以看出,组合后的工时较集中。各组合工位的工时被限制在[32.9秒,37.5秒]范围。两者的差值为4.6秒,比值为32.9∶37.5=1∶1.14,工位间的平衡程度较好。

⑥第一单元组合方案的评估。

整合后各工位的时间在32.89~37.5秒,共有5个工位,瓶颈工位为工位3,瓶颈工时为37.5秒。

平衡率=[各工序时间总和/(工位数×瓶颈工序时间)]×100%=[$\sum t_i$/(工位数×CT)]×100%=[178.69/(37.5×5)]×100%=(178.69/187.5)×100%=95%。

平衡率≥90%,平衡率指标上,该方案属于优秀。

⑦编制工位安排预案。

工位排列方案采用面对面的直线式排位方案。先安排好工位1，工序1和工序2完成后，流向工位2去完成工序3和工序4，所以工位2和工位1的位置密切，工位2可以安排在工位1的侧边，也可以安排在工位1的对面。工序4完成后流向工位3去完成工序5，工位3安排到工位1的对面，共安排2个工位3。工序5完成后流向工位2去完成工序6。工序6完成后，在制品流向工位4去完成工序7和工序8，可以安排工位4在工位2的侧边。工序8完成后，在制品流向工位3去完成工序9和工序10。鉴于这样的物流路径，也适合将工位4竖排形成U型设备排列（图4-4）。

设备	手工1+手工2	手工3+电脑平缝机1+电脑平缝机2	双针锁链机1+手工4
工序号组合	1+2	4+3+6	7+8
工位号	1	2	4

工位号	3	3
工序号组合	5+9+10	5+9+10
设备	电脑平缝机3+电脑平缝机4+电脑平缝机5	电脑平缝机3+电脑平缝机4+电脑平缝机5

图4-4 第一单元工位安排预案

由工位预案可以得出，在制品物料路径流畅，无交叉、逆流情况。由方案的平衡率和预案可以确定目前设计方案科学、实用。

⑧绘制工位安排图（图4-5）。

工位2和工位4都有手工，2个工位都配置1台简单的作业台。

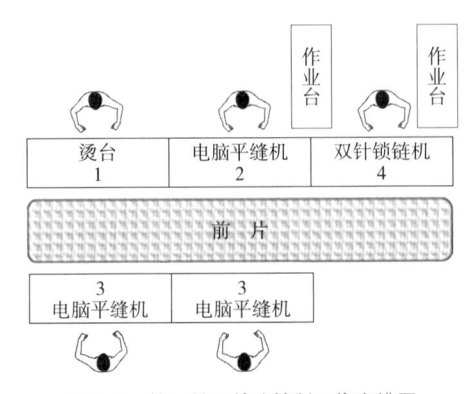

图4-5 第一单元前片缝制工位安排图

（2）第二单元后片缝制单元工位组合

①负荷率计算。

第二单元包括工序11~工序15，共有5个工序，两种类别设备，包括手工作业和电脑平缝机作业。最低工时为1.2秒，最高工时为43.8秒，工时相差较大，需要进行优化组合。第二单元后片缝制工序负荷率见表4-6。

表4-6　第二单元后片缝制工序负荷率表

工序号	部件名称	工序描述	机器设备	工时／秒	负荷率
11	后片	手工点主唛位×1	手工1	1.2	0.03
12	后片	缉缝主唛及洗水唛同时夹尺码唛×1	电脑平缝机1	33.4	0.90
13	后片	固定后片活褶2个×1	电脑平缝机2	16.6	0.45
14	后片	合后担干（用拉筒）×1	电脑平缝机3	43.0	1.17
15	后片	烫平连修剪后担干×1	手工2	34.4	0.92

②工序分类调整和优化组合（表4-7）。

a.手工1的负荷率为0.03，必须和其他工序组合。手工1和手工2组合，组合负荷率为0.95，与节拍接近，可以成为1个组合工位。

b.电脑平缝机1的负荷率为0.90，接近节拍，可以成为1个独立工位。

c.电脑平缝机2和电脑平缝机3组合，负荷率为1.62，由2人承担，平均负荷率为0.81，稍低，勉强接受。

表4-7　第二单元后片缝制工序分类及组合工位表

工序号	部件名称	工序描述	机器设备	工时／秒	负荷率	组合负荷率
11	后片	手工点主唛位×1	手工1	1.2	0.03	0.95
15	后片	烫平连修剪后担干×1	手工2	34.4	0.92	
12	后片	缉缝主唛及洗水唛同时夹尺码唛×1	电脑平缝机1	33.4	0.90	0.90
13	后片	固定后片活褶2个×1	电脑平缝机2	16.6	0.45	1.62
14	后片	合后担干（用拉筒）×1	电脑平缝机3	43.8	1.17	

③工位排序表。

将方案中的各工序进行归类排序，定出工位号，编排出对应的工位数（表4-8）。

表4-8　第二单元后片缝制工位排序表

工位号	工序号	部件名称	机器设备	工时/秒	组合负荷率	工位数
1	11+15	后片	手工1+手工2	35.6	0.95	1
2	12	后片	电脑平缝机1	33.4	0.90	1
3	13+14	后片	电脑平缝机2+电脑平缝机3	60.4	1.62	2

④第二单元组合后工时分析直方图（图4-6）。

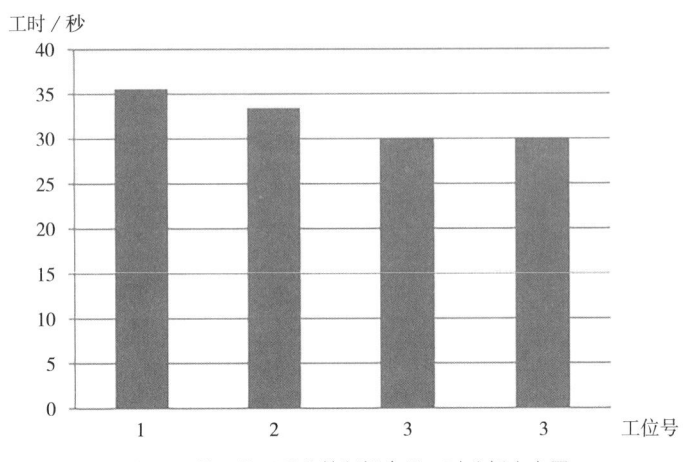

图4-6　第二单元后片缝制组合后工时分析直方图

由直方图可以看出，组合后的工时较集中。各组合工位的工时被限制在[30.2秒，35.6秒]范围内。两者的差值为5.4秒，比值为30.2∶35.6=1∶1.18，工位间的平衡程度较好。

⑤第二单元组合方案的评估。

整合后，各工位的时间在30.2~35.6秒。共有4个工位。瓶颈工位为工位1，瓶颈工时为35.6秒。后片的总加工时间为129.4秒。

平衡率=[各工序时间总和/（工位数×瓶颈工序时间）]×100%=[$\sum t_i$/（工位数×CT）]×100%=[129.4/（35.6×4）]×100%=（129.4/142.4）×100% =91%。平衡率≥90%，平衡率指标属于优秀。第二个评估指标是工位预案在制品传送路径是否流畅。

⑥编制工位安排预案。

工位排列方案采用面对面的直线式排位方案（图4-7）。先安排好工位1，工序11完成后，流向工位2去完成工序12。可以安排工位2安排在工位1的侧边。完成工序12后，流向工位3去完成工序13和工序14。工位3安排在工位1和工位2的对面。工序14完成后流向工位1去完成工序15。此方案在制品传动流畅、设计合理。

设备	手工1+手工2	电脑平缝机1
工序号组合	11+15	12
工位号	1	2

工位号	3	3
工序号组合	13+14	13+14
设备	电脑平缝机2+电脑平缝机3	电脑平缝机2+电脑平缝机3

图4-7 第二单元后片缝制工位安排预案

⑦绘制后片工位安排图。

按照工位设计预案,绘制工位布置图(图4-8)。

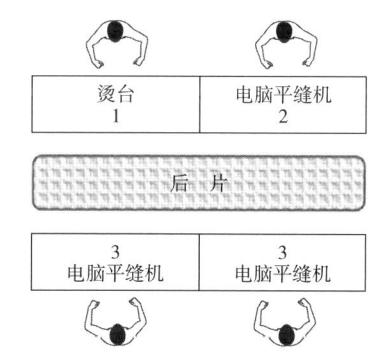

图4-8 第二单元后片缝制工位安排图

(3)第三单元领子缝制的工位组合

①负荷率计算。

第三单元包括工序16~工序27,共12个工序,5个类别设备,包括电脑模板机、无针切刀车、脚动翻领机、烫台、电脑平缝机。最低工时为6.1秒,最高工时为36.8秒,单元平衡率差,需要进行优化组合(表4-9)。

表4-9 第三单元领子缝制工序负荷率表

工序号	部件名称	工序描述	机器设备	工时/秒	负荷率
16	领子	电脑模板机缝合上领×1	电脑模板机1	7.1	0.19
17	领子	切刀车修上领×1	无针切刀车1	9.5	0.25
18	领子	专机翻上领角×1	脚动翻领机1	6.1	0.16

续表

工序号	部件名称	工序描述	机器设备	工时/秒	负荷率
19	领子	烫上领子×1	手工1	21.9	0.59
20	领子	缉领三边0.5cm明线×1	电脑平缝机1	17.2	0.46
21	领子	实样折烫领座下口×1	手工2	14.2	0.38
22	领子	模板合上下领×1	电脑平缝机2	36.8	0.99
23	领子	切刀车修合上下领缝份×1	无针切刀车2	7.9	0.21
24	领子	手工翻领嘴×1	手工3	11.3	0.30
25	领子	熨烫领座上口×1	手工4	22	0.59
26	领子	切刀车修外领座下口×1	无针切刀车3	6.7	0.18
27	领子	手工点外内领座三刀眼连点尺码唛位	手工5	12.9	0.35

②工序分类调整和优化组合。

a.工序16负荷率为0.19，负荷率低，需要和其他工序组合。

b.工序17、工序23和工序26组合，负荷率为0.64，较低。和工序16组合，总负荷率为0.83，暂时组合为1个工位。

c.工序18的负荷率为0.16，过低，留待观察。

d.工序19和工序21组合，负荷率为0.97，接近节拍，可以成为1个组合工位。

e.工序24和工序25组合，负荷率为0.89，接近节拍，可以成为1个组合工位。

f.手工27的负荷率为0.35，很低，留待观察。

g.工序20的负荷率为0.46，工序22的负荷率为0.99，两个工序不适合组合，工序22适合独立成为1个工位。工序20留待观察。

h.留待观察的工序18、工序27和工序20的负荷率相加为0.97，在数值上接近节拍，暂时定为1个组合工位。由1人承担，同时兼顾2台机器，后续进行方案评估。

按照分析，编制第三单元领子缝制工序分类及组合工位见表4-10。

表4-10 第三单元领子缝制工序分类及组合工位表

工序号	部件名称	工序描述	机器设备	工时/秒	负荷率	组合负荷率
16	领子	电脑模板机缝合上领×1	电脑模板机1	7.1	0.19	0.83
17	领子	切刀车修上领×1	无针切刀车1	9.5	0.25	
23	领子	切刀车修合上下领缝份×1	无针切刀车2	7.9	0.21	
26	领子	切刀车修外领座下口×1	无针切刀车3	6.7	0.18	

续表

工序号	部件名称	工序描述	机器设备	工时／秒	负荷率	组合负荷率
18	领子	专机翻上领角×1	脚动翻领机1	6.1	0.16	0.97
20	领子	缉领三边0.5cm明线×1	电脑平缝机1	17.2	0.46	
27	领子	手工点外内领座三刀眼连点尺码唛位	手工5	12.9	0.35	
19	领子	烫上领子×1	手工1	21.9	0.59	0.97
21	领子	实样折烫领座下口×1	手工2	14.2	0.38	
22	领子	模板合上下领×1	电脑平缝机2	36.8	0.99	0.99
24	领子	手工翻领嘴×1	手工3	11.3	0.30	0.89
25	领子	熨烫领座上口×1	手工4	22	0.59	

③工位排序。

将方案中的各工序进行归类排序，定出工位号，编排出对应的工位数（表4-11）。

表4-11 第三单元领子缝制的工位排序

工位号	工序号	机器设备	工时／秒	组合符合率	工位数
1	16+17+23+26	电脑模板机1+无针切刀车1+无针切刀车2+无针切刀车3	31.2	0.83	1
2	18+20+27	脚动翻领机1+电脑平缝机1+手工5	36.2	0.97	1
3	19+21	手工1+手工2	36.1	0.97	1
4	22	电脑平缝机2	36.8	0.99	1
5	24+25	手工3+手工4	33.3	0.89	1

④第三单元组合后工时分析直方图（图4-9）。

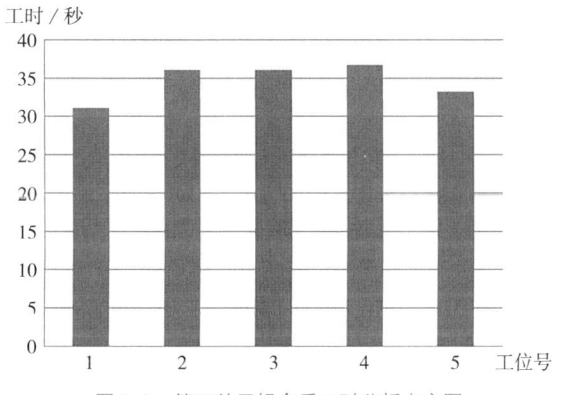

图4-9 第三单元组合后工时分析直方图

由直方图可以看出，组合后的工时较集中。各组合工位的工时被限制在[31.2秒，36.8秒]范围内。两者的差值为5.6秒，比值为31.2∶36.8=1∶1.18，工位间的平衡程度较好。

⑤第三单元组合方案的评估。

整合后各工位的时间在31.2~36.8秒范围内。共有5个工位。瓶颈工位为工位4，瓶颈工时为36.8秒。领子的加工总时间为173.6秒。

平衡率=[各工序时间总和／（工位数×瓶颈工序时间）]×100%=[∑t_i／（工位数×CT）]×100%=[173.6／（36.8×5）]×100%=（173.6／184）×100%=94%。平衡率≥90%，该方案平衡率指标属于优秀。

⑥编制工位安排预案（图4-10）。

工位排列方案采用面对面的直线式排位方案。先安排好工位1，完成工序16、工序17后，流向工位2去完成工序18，工位2可以安排在工位1的侧边。完成工序18后，流向工位3去完成工序19，工位3安排在工位2的对面。工序19完成后，流向工位2去完成工序20，之后流回工位4去完成工序22。工位3中的工序21完成后，流向工位4去完成工序22，工位4安排在工位2的对面、工位3的侧边。工序22完成后流向工位1去完成工序23。工序23完成后流向工位5去完成工序24和工序25。完成工序25后，流向工位1去完成工序26。完成工序26后，流向工位2去完成工序27。

设备	电脑模板机1+ 无针切刀车1+ 无针切刀车2+ 无针切刀车3	脚动翻领机1+ 电脑平缝机1+ 手工5
工序号组合	16+17+23+26	18+20+27
工位号	1	2

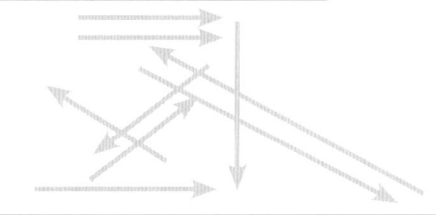

工位号	3	4	5
工序号组合	19+21	22	24+25
设备	手工1+手工2	电脑平缝机2	手工3+手工4

图4-10　第三单元领子工位安排预案

设计出的工位设置方案存在较致命的问题是在制品传动的路径多次交叉,路径较混乱,影响加工的效率。应该将方案进行修改。

⑦修改预案。

观察原来的方案,工位1中的工序需要其他工位来回转达加工,为了减少可能发生的交叉,将工位1与工位2交换位置。交换位置后,在制品的流动顺序不变,仍然是由工位1完成工序16和工序17后,流到工位2去完成工序18,再流向工位3去完成工序19。完成工序19后再流向工位2去完成工序20,完成工序20后流向工位4去完成工序22。工位3中的工序21完成后也流向工位4去完成工序22,工序22完成后流向工位1去完成工序23,再流向工位5去完成工序24和工序25。完成工序25后,流向工位1去完成工序26,最后流向工位2去完成工序27。在这个过程中,流动路径发生了变化,如图4-11所示。路线避免了交叉情况的出现。在制品流动顺畅,方案合理可行。

设备	脚动翻领机1+ 电脑平缝机1+ 手工5	电脑模板机1+ 无针切刀车1+ 无针切刀车2+ 无针切刀车3
工序号组合	18+20+27	16+17+23+26
工位号	2	1

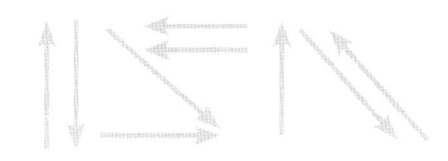

工位号	3	4	5
工序号组合	19+21	22	24+25
设备	手工1+手工2	电脑平缝机2	手工3+手工4

图4-11 修正后的领子工位安排预案

⑧绘制工位安排图(图4-12)。

按照调整后的工位设计方案,设置工位安排图。

工位1中使用到无针切刀车和电脑模板机,所以工位1中安排了1台无针切刀车和1台电脑模板机。工位2中使用到脚动翻领机和电脑平缝机,还有要完成手工点位的工位,所以工位2安排了1台脚动翻领机、1台电脑平缝机和1张工作台。

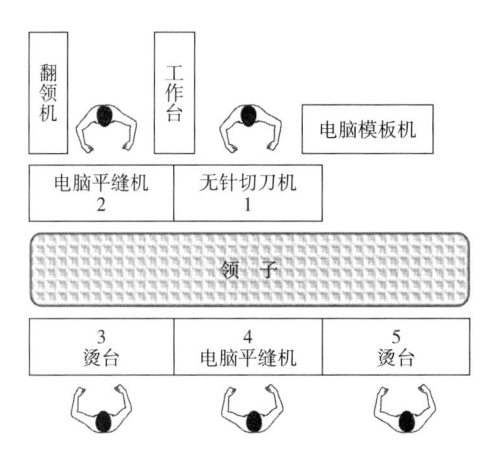

图4-12 第三单元领子缝制工位布置图

（4）第四单元袖子缝制的工位组合

①负荷率计算。

第四单元包括工序28~工序35，共有8个工序。有6种类别设备，包括手工、电脑模板机、无针切刀车、脚动翻领机、烫台、电脑平缝机。最低工时为7.5秒，最高工时为107秒，观察各工序的负荷率，单元平衡率差，需要进行优化组合（表4-12）。

表4-12 第四单元袖子缝制作业划分种类和负荷率分析

工序号	部件名称	工序描述	机器设备	工时/秒	负荷率
28	袖子	缉缝小袖衩（用拉筒）×2	电脑平缝机1	18.1	0.49
29	袖子	实样扣烫大袖衩×2	手工1	60.6	1.62
30	袖子	缉缝大袖衩×2及封衩顶×2	电脑平缝机2	107	2.87
31	袖子	缉缝袖头面边线×2	电脑平缝机3	17.2	0.46
32	袖子	切刀车缉袖头×2	电脑切刀车1	44.7	1.20
33	袖子	修袖头圆角2个×2	手工2	7.5	0.20
34	袖子	翻袖头连定型×2	翻袖头机1	18.6	0.50
35	袖子	缉袖头边线	电脑平缝机4	26.6	0.71

②工序分类调整和优化组合。

按照与节拍一致的原则，按照表4-13的数据进行分析：

a.电脑平缝机1的负荷率为0.49，过低，留待观察。

b.电脑平缝机2的负荷率为2.87，可以独立成为3个工位。

c.电脑平缝机3的负荷率为0.46，可以和电脑平缝机1组合，负荷率为0.95，适合成为1个组合工位。

d.手工1和手工2的负荷率相加为1.82,由2人承担,平均负荷率为0.91,接近节拍,适合成为1个组合工位组。

e.电脑切刀车1负荷率为1.2,稍高,留待观察。

f.翻袖头机1负荷率为0.5,过低,留待观察。

g.电脑平缝机4负荷率为0.71。留待观察。

留待观察的工序都是不同种类的工种,独立和组合都不接近节拍。整个流水线的工序需要重新修订优化组合方案。

③工序组合修正方案。

手工作业工作灵活,在工序组合中方便和其他设备工种组合。修正方案中,重点考虑将手工作业和其他种类的作业组合。

a.电脑平缝机1和手工1组合,负荷率为2.11,由2人承担,平均负荷率为1.06,接近节拍,可以组合为2个工位。

b.电脑平缝机2负荷率为2.87,由3人承担,平均负荷率为0.96,可以组合为3个工位。

c.电脑平缝机3和电脑平缝机4组合,负荷率为1.17,适合组合为1个工位。

d.电脑切刀车1、手工2和翻袖头机1组合,负荷率为1.9,由2人承担,平均负荷率为0.95,适合组合。

按照分析编制第四单元袖子缝制工序分类及组合工位表,见表4-13。

表4-13 第四单元袖子缝制工序分类及组合工位表

工序号	部件名称	工序描述	机器设备	工时/秒	负荷率	组合负荷率
28	袖子	缉缝小袖衩(用拉筒)×2	电脑平缝机1	18.1	0.49	2.11
29	袖子	实样扣烫大袖衩×2	手工1	60.6	1.62	
30	袖子	缉缝大袖衩×2及封衩顶×2	电脑平缝机2	107	2.87	2.87
31	袖子	缉缝袖头面边线×2	电脑平缝机3	17.2	0.46	1.17
35	袖子	缉袖头边线×2	电脑平缝机4	26.6	0.71	
32	袖子	切刀车缉袖头×2	电脑切刀车1	44.7	1.20	1.9
33	袖子	修袖头圆角2个×2	手工2	7.5	0.20	
34	袖子	翻袖头连定型×2	翻袖头机1	18.6	0.50	

④工位排序（表4-14）。

表4-14 第四单元袖子缝制的工位排序表

工位号	工序号	部件名称	机器设备	工时/秒	组合负荷率	工位数
1	28+29	袖子	电脑平缝机1+手工1	78.7	2.11	2
2	30	袖子	电脑平缝机2	107	2.87	3
3	31+35	袖子	电脑平缝机3+电脑平缝机4	43.8	1.17	1
4	32+33+34	袖子	电脑切刀车1+手工2+翻袖头机1	70.8	1.9	2

⑤第四单元组合后工时分析直方图（图4-13）。

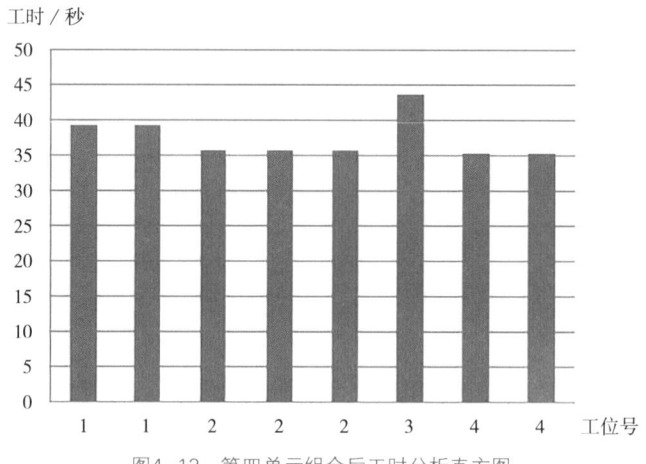

图4-13 第四单元组合后工时分析直方图

由直方图可以看出，组合后的工时较集中。各组合工位的工时被限制在[35.4秒，43.8秒]范围内。两者的差值为5.6秒，比值为35.4∶36.8=1∶1.04，工位间的平衡程度较好。

⑥第四单元组合方案的评估。

整合后各工位的时间在35.4~43.8秒范围内，共有8个工位。瓶颈工位为工位3，瓶颈工时为43.8秒。第四单元袖子的总加工时间是300.3秒。

平衡率=[各工序时间总和/（工位数×瓶颈工序时间）]×100%=[∑t_i/（工位数×CT）]×100% =[300.3/（43.8×8）]×100%=（300.3/350.4）×100%=86%。85%≥平衡率<90%，平衡率指标上，该方案属于良好。

⑦编制工位安排预案。

先安排好工位1，2个工位1并排放置。工位1中的工序28、工序29完成后，流向工位2去完成工序30，所以工位2和工位1的位置密切，工位2安排在工位1的对面，3个工位2并排放置。工序30完成后流向工位3去完成工序31，工位3安排到工位2的侧面，1个工位3。工序31完成后流向工位4去完成工序32~工序34。可以安排工位4在工位3的对面、在工位1的侧边。工序34完成后，在制品流向工位3去完成工序35（图4-14）。

设备	电脑平缝机1+ 手工1	电脑平缝机1+ 手工1	电脑切刀车1+ 手工2+ 翻袖头机1	电脑切刀车1+ 手工2+ 翻袖头机1
工序号组合	28+29	28+29	32+33+34	32+33+34
工位号	1	1	4	4
工位号	2	2	2	3
工序号组合	30	30	30	31+35
设备	电脑平缝机2	电脑平缝机2	电脑平缝机2	电脑平缝机3+ 电脑平缝机4

图4-14 第四单元袖子缝制工位安排预案

由工位预案可以得出，在制品物料路径流畅，无交叉、逆流情况。由平衡率和畅通的物流路径可以确定排位方案合理可行。

⑧绘制工位安排图。

按照工位安排预案设置工位安排图（图4-15）。工位1中，使用到电脑平缝机和烫台，所以，工位1安排了1台电脑平缝机和1张烫台。烫台是2个工位1共用。工位4中，使用到电脑切刀车和翻袖头机及要完成修袖头作业，所以工位4安排了1台电脑切刀车和1台翻袖头机以及1张工作台。

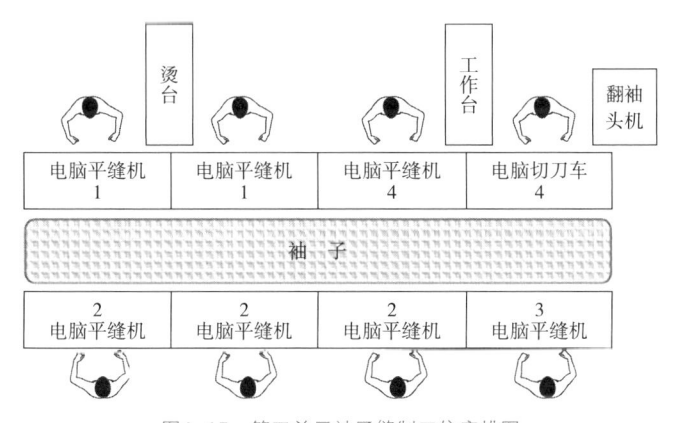

图4-15 第四单元袖子缝制工位安排图

（5）第五单元组合工序的工位组合

第五单元包括工序36~工序51，共有16个工序。有4类别设备，包括电脑平缝机、双针锁链车、双针埋夹机、烫台。最低工时为10.1秒，最高工时为75.6秒，观察各工序的负荷率，单元平衡率差，需要进行优化组合。

①负荷率计算（表4-15）。

表4-15 第五单元工序负荷率表

工序号	部件名称	工序描述	设备	工时/秒	负荷率
36	组合	合肩连缉0.1cm明线×1	电脑平缝机1	67.8	1.82
37	组合	双针锁链缉缝拉筒及绱袖×1	双针锁链机1	59.3	1.59
38	组合	缉袖窿0.6cm明线×1	电脑平缝机2	64.5	1.73
39	组合	手工修剪袖底缝×2	手工1	10.7	0.29
40	组合	锁侧缝一段×2	电脑平缝机3	46.2	1.24
41	组合	缝合袖底缝及侧缝×1	双针埋夹机1	56.2	1.51
42	组合	固定后领圈襻上端×1	电脑平缝机4	10.1	0.27
43	组合	绱领×1	电脑平缝机5	44.1	1.18
44	组合	缉领座上下口一周0.1cm线×1	电脑平缝机6	75	2.01
45	组合	实样扣烫三角贴布×2	手工2	62	1.66
46	组合	缉侧缝三角贴布0.1cm明线×2	电脑平缝机7	32.2	0.86
47	组合	缉缝侧缝三角×2	电脑平缝机8	52.4	1.40
48	组合	点袖衩长短位置×2	手工3	23.8	0.64
49	组合	绱袖头及收褶×2	电脑平缝机9	75.6	2.03
50	组合	缉袖头明线×1	电脑平缝机10	64.2	1.72
51	组合	卷缉下摆边0.5cm明线	电脑平缝机11	57.9	1.55

②工序分类调整和优化组合。

按照与节拍一致的原则，分析和比较各作业的负荷率，将工序进行组合优化。

a.电脑平缝机1的负荷率为1.82，由2人承担，平均负荷率为0.91，接近节拍，适合组合为2个工位。

b.电脑平缝机2的负荷率为1.73，由2人承担，平均负荷率为0.87，接近节拍，适合组合为2个工位。

c.电脑平缝机3的负荷率为1.24，稍高，电脑平缝机4的负荷率为0.27，过低，电脑平缝机5的负荷率为1.18，稍高。三个同种类的工种尝试组合在一起，组合后的负荷率为2.69，由3人承担，平均负荷率为0.90，接近节拍，适合组合为3个工位。

d.电脑平缝机6的负荷率为2.01，由2人承担，平均负荷率为1.0，接近节拍，适合组合为2个工位。

e.电脑平缝机7的负荷率为0.86，由1人承担，作为1个工位。

f.电脑平缝机8的负荷率为1.40，较高，不适合成为一个独立工位，需要和其他工序组合，以平衡工时，暂留待观察。

g.电脑平缝机9的负荷率为2.03，由2人承担，平均负荷率为1.02，接近节拍，适合组合为2个工位。

h.电脑平缝机10的负荷率为1.72，由2人承担，平均负荷率为0.86，接近节拍，适合组合为2个工位。

i.电脑平缝机11的负荷率为1.55，由2人承担，平均负荷率为0.78，稍低，和电脑平缝机8组合，组合负荷率为2.95。由3人承担，平均负荷率为0.98，接近节拍，适合组合为3个工位。

j.双针锁链机1的负荷率为1.59，和手工1组合，手工1的负荷率为0.29，相加的负荷率为1.88，平均负荷率为0.94，适合组合为2个工位。

k.双针埋夹机1的负荷率为1.51，过高，需要降低负荷率，和手工3组合，手工3的负荷率为0.64，组合负荷率为2.15，由2人承担，平均负荷率为1.08，适合组合为2个工位。

l.手工2的负荷率为1.66，由2人承担，平均负荷率为0.83，适合组合为2个工位。

按照分析，编制组合工位表（表4-16）。

表4-16　第五单元工序分类及组合工位表

工序号	部件名称	工序描述	机器设备	工时／秒	负荷率	组合负荷率
36	组合	合肩连缉0.1cm明线×1	电脑平缝机1	67.8	1.82	1.82
37	组合	双针锁链缉缝拉筒及绱袖×1	双针锁链机1	59.3	1.59	1.88
39	组合	手工修剪袖底缝×2	手工1	10.7	0.29	
38	组合	缉袖窿0.6cm明线×1	电脑平缝机2	64.5	1.73	1.73
40	组合	锁侧缝一段×2	电脑平缝机3	46.2	1.24	2.69
42	组合	固定后领圈襻上端×1	电脑平缝机4	10.1	0.27	
43	组合	绱领×1	电脑平缝机5	44.1	1.18	

续表

工序号	部件名称	工序描述	机器设备	工时/秒	负荷率	组合负荷率
41	组合	缝合袖底缝及侧缝×1	双针埋夹机1	56.2	1.51	2.15
48	组合	点袖衩长短位置×2	手工3	23.8	0.64	
44	组合	缉领座上下口一周0.1cm线×1	电脑平缝机6	75	2.01	2.01
45	组合	实样扣烫三角贴布×2	手工2	62	1.66	1.66
46	组合	缉侧缝三角贴布0.1cm明线×2	电脑平缝机7	32.2	0.86	0.86
47	组合	缉缝侧缝三角×2	电脑平缝机8	52.4	1.40	2.95
51	组合	卷缉下摆边0.5cm明线	电脑平缝机11	57.9	1.55	
49	组合	绱袖头及收褶×2	电脑平缝机9	75.6	2.03	2.03
50	组合	缉袖头明线×1	电脑平缝机10	64.2	1.72	1.72

③工位排序表。

将方案中的各工序进行归类排序，定出工位号，编排出对应的工位数（表4-17）。

表4-17 第五单元的工位排序表

工位号	工序号	部件名称	设备	工时/秒	组合负荷率	工位数
1	36	组合	电脑平缝机1	67.8	1.82	2
2	37+39	组合	双针锁链机1+手工1	70	1.88	2
3	38	组合	电脑平缝机2	64.5	1.73	2
4	40+42+43	组合	电脑平缝机3+电脑平缝机4+电脑平缝机5	100.4	2.69	3
5	41+48	组合	双针埋夹机1+手工3	80	2.15	2
6	44	组合	电脑平缝机6	75	2.01	2
7	45	组合	手工2	62	1.66	2
8	46	组合	电脑平缝机7	32.2	0.86	1
9	47+51	组合	电脑平缝机8+电脑平缝机11	110.3	2.95	3
10	49	组合	电脑平缝机9	75.6	2.03	2
11	50	组合	电脑平缝机10	64.2	1.72	2

④第五单元组合后工时分析直方图（图4-16）。

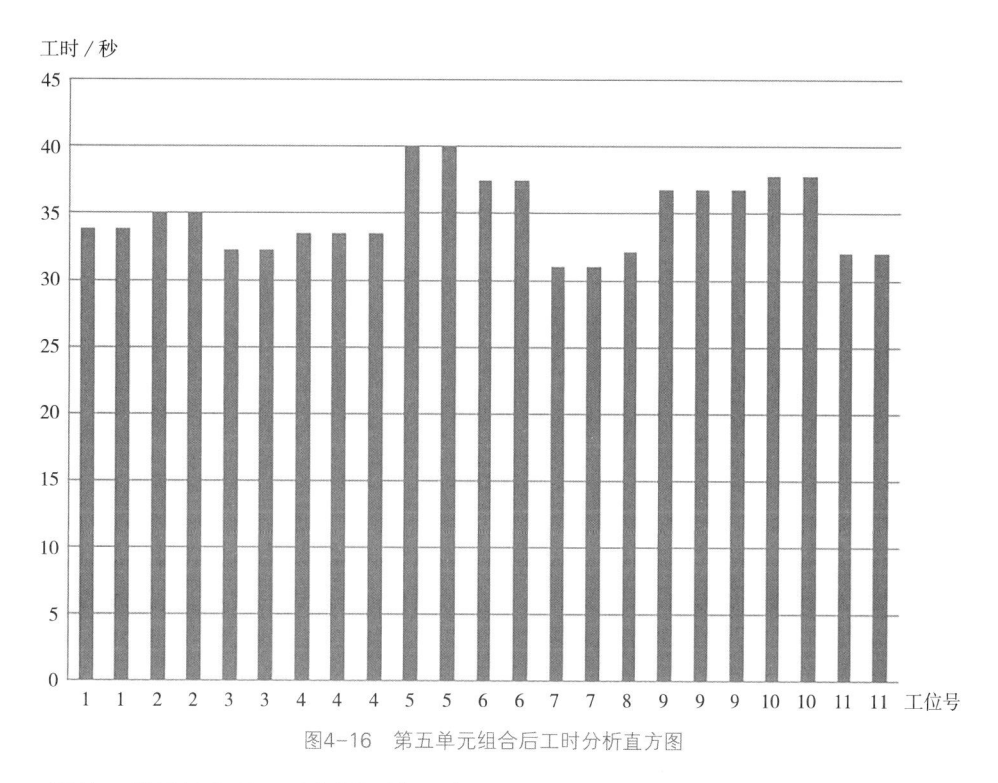

图4-16　第五单元组合后工时分析直方图

⑤第五单元组合后工时分析雷达图（图4-17）。

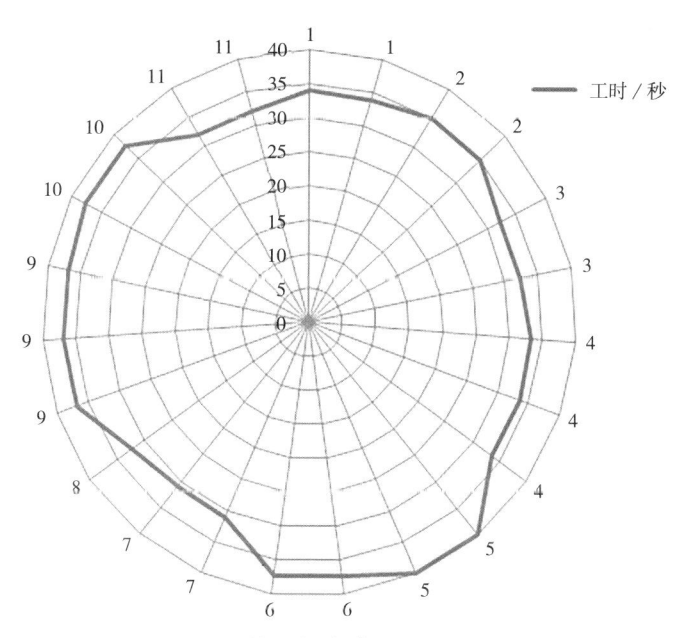

图4-17　第五单元组合后工时分析雷达图

由直方图和雷达图可以看出，组合后的工时较集中。各组合工位的工时被限制在[31秒，40秒]范围内。两者的差值为9秒，比值为31∶40=1∶1.29，工位间的平衡程度较好。

⑥第五单元组合方案的评估。

整合后各工位的时间为31~40秒。共有23个工位。瓶颈工位为工位5，瓶颈工时为40秒。组合部件的总加工时间为802秒。

平衡率=[各工序时间总和／（工位数×瓶颈工序时间）]×100%=[$\sum t_i$／（工位数×CT）]×100% =[802／（40×23）]×100%=（802／920）×100% =87%。85%≤平衡率<90%，平衡率指标上，该方案属于良好。

⑦编制工位安排预案。

本案例共有23个工位。组合后的工位中的工序，大多可以同时在一个工位完成。由此组合作业的流水线往返路线少，路径设置比较简单。

先安排好工位1，有2个工位1，并排放置。在工位1中，完成工序36。工序36完成后，流向工位2去完成工序37。可以安排工位2在工位1的对面，共有2个工位2，并排放置。完成工序37后，流向工位3去完成工序38。工位3安排在工位2的对面，共有2个工位3，并排放置。工位2和工位1及工位3在制品来回流动，需要工位2既能与工位1相对，又能与工位3相对。因此，在安排工位2的2个工位时，与工位1向右错开一个设备空间。工位3中的工序38完成后再流回工位2，不会造成逆流状况。工位2中的工序39完成后，在制品流向工位4去完成工序40。因此，将工位4安排在工位2的侧边，共有3个工位4，并排放置。完成工序40作业后，在制品流向工位5去完成工序41。因此，将工序5安排在工位4的对面，共有2个工位5，并排放置。在工位5中，完成工序51后，完成工序48。工序48完成后，流向工位4去完成工序42和工序43。工序43完成后流到工位6去完成工序44和独立完成的工序45一起流到工位8去完成工序46。工序45必须在工位8之前，否则会造成在制品逆流。因此，工位7安排在工位5的侧面，共有2个工位7，并排放置。工位8安排在工位7侧面。工序46完成后，流向工位9去完成工序47，因此，工位9放置在工位8的对面，共有3个工位9，并排放置。工位9中，工序47、工序51完成后再流到工位10去完成工序49。工位10安排到工位9的对面，共有2个工位10，并排放置。最后，将工位11放置在工位9的侧面，在工位10处完成工序49后，流到工位11完成工序50（图4-18）。

观察工位预案的在制品传动路径，明确流程，无交叉、逆流现象。由平衡率和畅通的物流路径可以确定整体安排合理可行。

⑧工位安排图。

按照工位安排预案，绘制工位布置图（图4-19）。

设备	电脑平缝机1	电脑平缝机1	电脑平缝机2	电脑平缝机2	双针埋夹机1+手工3	双针埋夹机1+手工3	手工2	手工2	电脑平缝机7	电脑平缝机9	电脑平缝机9
工序号组合	36	36	38	38	41+48	41+48	45	45	46	49	49
工位号	1	1	3	3	5	5	7	7	8	10	10

工位号	2	2	4	4	4	6	6	9	9	9	11	11
工序号组合	37+39	37+39	40+42+43	40+42+43	40+42+43	44	44	47+51	47+51	47+51	50	50
设备	双针锁链机1+手工1	双针锁链机1+手工1	电脑平缝机3+电脑平缝机4+电脑平缝机5	电脑平缝机3+电脑平缝机4+电脑平缝机5	电脑平缝机3+电脑平缝机4+电脑平缝机5	电脑平缝机6	电脑平缝机6	电脑平缝机8+电脑平缝机11	电脑平缝机8+电脑平缝机11	电脑平缝机8+电脑平缝机11	电脑平缝机10	电脑平缝机10

图4-18 第五单元工位安排预案

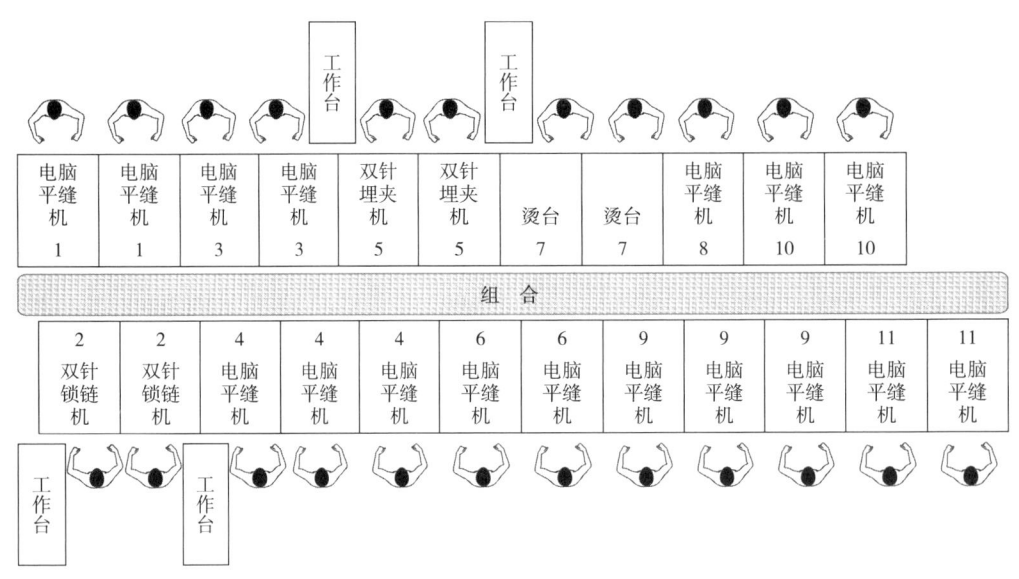

图4-19 第五单元工位安排图

（6）第六单元后道工序的工位组合

第六单元包括工序52~工序56。第六单元共有5个工序。有4类设备，包括电脑套结机、单头平眼车、烫台、钉扣车。最低工时为12.9秒，最高工时为72秒，观察各工序的负荷率，偏离节拍多，需要进行优化组合。

①负荷率计算（表4-18）。

表4-18 第六单元后道工序负荷率表

工序号	部件名称	工序描述	设备	工时/秒	负荷率
52	专机	打套结×2	电脑套结机1	12.9	0.35
53	专机	锁平眼×12	单头平眼车1	80.4	2.16
54	专机	实样点领尖扣位×2	手工1	14.3	0.38
55	专机	点纽扣位×13	手工2	40.5	1.09
56	专机	专机钉四眼扣×13	钉扣车1	134.6	3.61

②工序分类调整和优化组合（表4-19）。

对表4-18的数据进行分析，按照与节拍一致的原则，将工序进行组合优化。

a.电脑套结机1负荷率为0.35，较低，不适合成为1个独立工位，需要和其他工序相加，以平衡工时。暂留待观察。

b.单头平眼车1的负荷率为2.16，由2人承担，平均负荷率为1.08，接近节拍，适合组合为2个工位。

c.手工1的负荷率为0.38，较低，不适合成为1个独立工位。

d.手工2的负荷率为1.09,接近节拍,可以独立成为1个工位。尝试手工1和电脑套结机1组合,负荷率为0.73,还是偏低。再加上手工2组合,总负荷率为1.93,由2人承担,负荷率为0.97,接近节拍,可以组合成为2工位。

e.钉扣车1的负荷率为3.61,由4人承担,平均负荷率为0.9,若加上电脑套结机和手工1,组合负荷率为4.34,还是由4人承担,平均负荷率为1.09,接近节拍,适合组合为4个工位。

表4-19 第六单元后道工序分类及组合工位表

工序号	部件名称	工序描述	设备	工时/秒	负荷率	组合负荷率
53	专机	锁平眼×12	单头平眼车1	80.4	2.16	2.16
55	专机	点纽扣位×13	手工2	40.5	1.09	1.09
54	专机	实样点领尖扣位×2	手工1	14.3	0.38	4.34
56	专机	专机钉四眼扣×13	钉扣车1	134.6	3.61	
52	专机	打套结×2	电脑套结机1	12.9	0.35	

③工位排序。

将方案中的各工序进行归类排序,定出工位号,编排出对应的工位数(表4-20)。

表4-20 第六单元后道工序的工位排序表

工位号	工序号	部件名称	设备	工时/秒	组合负荷率	工位数
1	53	专机	单头平眼车1	80.4	2.16	2
2	55	专机	手工2	40.5	1.09	1
3	54+56+52	专机	手工1+钉扣车1+电脑套结机1	161.8	4.34	4

④第六单元组合后工时分析直方图(图4-20)。

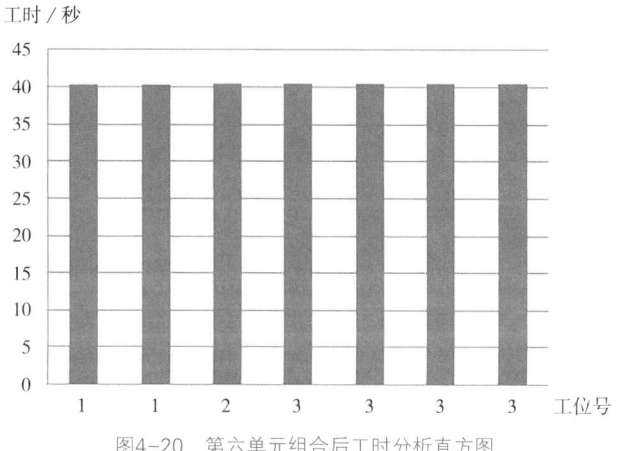

图4-20 第六单元组合后工时分析直方图

由直方图可以看出，组合后的工时分布非常集中。各组合工位的工时被限制在[40.2秒，40.5秒]。两者的差值为0.3秒，比值为40.2∶40.5=1∶1.01，工位间的平衡程度很好。

⑤组合方案的评估。

整合后各工位的时间在40~40.45秒。共有7个工位。瓶颈工位为工位3，瓶颈时间为40.45秒。后道工序总的加工时间为282.7秒。

平衡率=[各工序时间总和／（工位数×瓶颈工序时间）]×100%=[$\sum t_i$／（工位数×CT）]×100%=[282.7／（7×40.45）]×100%=（282.7／283.15）×100%=99.8%。

平衡率≥90%，平衡率指标优良。

⑥编制工位安排预案。

后道工序主要是钉扣锁眼作业，工序的前后顺序要求不严格。在后道作业工位安排中，安排好工位1，共有2个工位1，并排放置。完成工序53后流向工位2，完成工序55，将工位2安排到工位1的侧面。完成工序55后到工位3，完成工序54、工序56，最后完成工序52。安排工位3在工位2的对面，共有4个工位3，并排放置。加工流程无逆流情况，流水线在制品传送流畅（图4-21）。

机器设备	单头平眼车1	单头平眼车1	手工2
工序号组合	53	53	55
工位号	1	1	2

工位号	3	3	3	3
工序号组合	54+56+52	54+56+52	54+56+52	54+56+52
设备	手工1+ 钉扣车1+ 电脑套结机	手工1+ 钉扣车1+ 电脑套结机	手工1+ 钉扣车1+ 电脑套结机	手工1+ 钉扣车1+ 电脑套结机

图4-21　第六单元后道工位安排预案

⑦绘制工位安排图。

按照工位设计预案，绘制工位布置图（图4-22）。工位3中要用到钉扣机和电脑套结机及要完成手工点扣眼位作业，其中，钉扣机作业的负荷率为3.61，点位作业的负荷率为0.38，电脑套结机作业的负荷率为0.35，所以，必须配置4台钉扣机，备置2台电脑套结机，备置2个工作台。电脑套结机和工作台是相邻的工位合用。

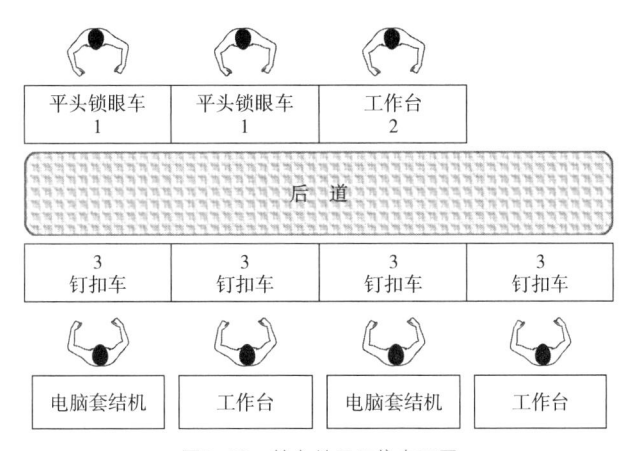

图4-22 第六单元工位布置图

4.2.5 总工位图

集团式的流水线在各部件的工位安排好后,最后集成一个总的工位图。先排列好前片总工位,然后是后片总工位,再就是领子总工位,最后是组合总工位。组合作业的工序和工位数都较多、占位空间较多,单独放在一侧。其他部件工位放在另一侧。在制品的组合工序完成后,流到后道工位去完成(图4-23)。

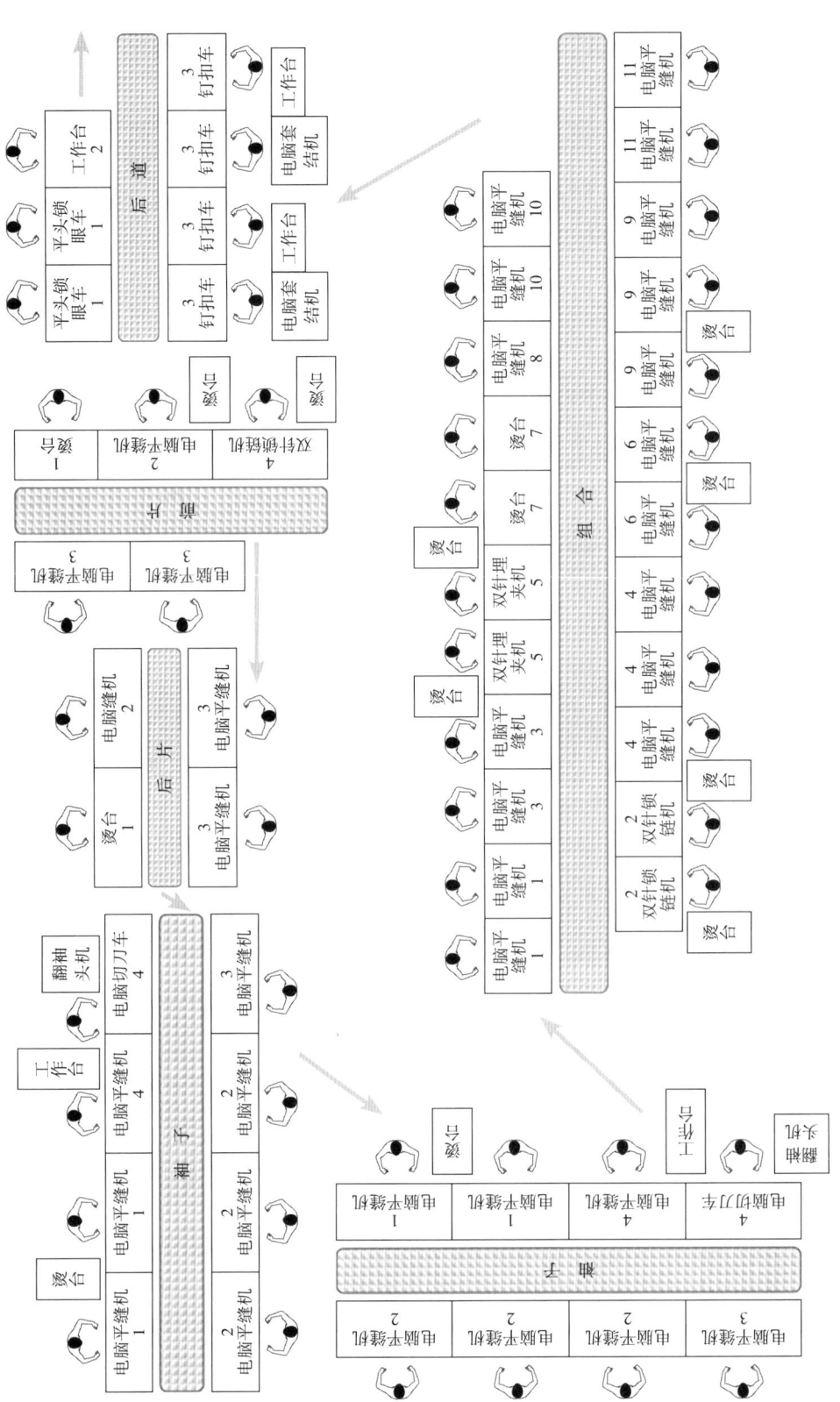

图4-23 男衬衫总工位图

第5章　模块式生产线平衡设计

模块式生产排位系统指采用较少的工位进行单件成衣的加工缝制，一般10个左右，一个工位为一个模块，每个模块由2~3台机器组成，由一个工人进行操作。可采用悬挂式传送系统，也可采用其他传送系统（图5-1）。模块式流水线对工人的技能水平有一定的要求，需要工人能熟练应用多种机器。

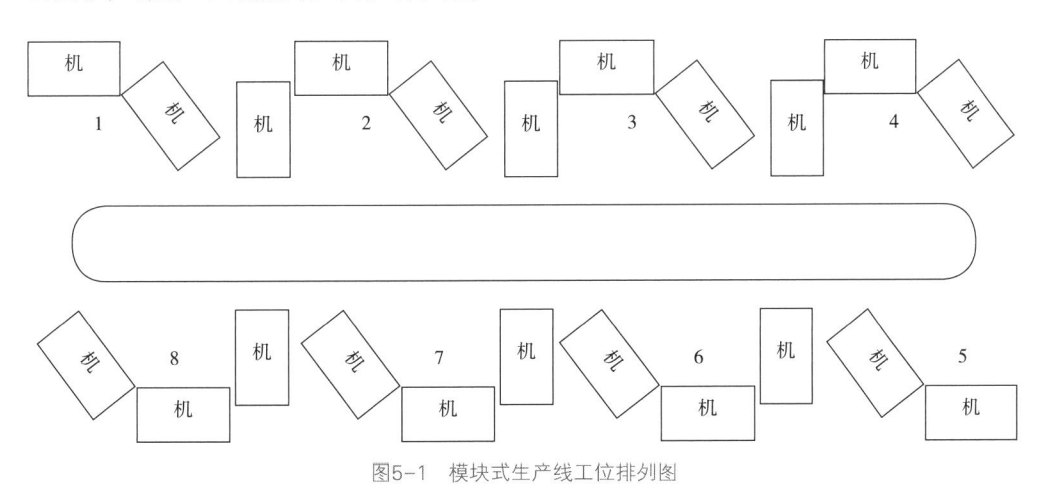

图5-1　模块式生产线工位排列图

在工位安排设计中，工位的组合基本按照加工部件、按照原始的加工顺序进行编排，并设计好合理的节拍，组合后，各工位的作业时间与节拍一致。

5.1　针织运动长裤生产线平衡设计

5.1.1　款式特点

带橡筋腰头、平纽眼、斜插袋、罗纹裤口。

5.1.2　工艺说明（图5-2）

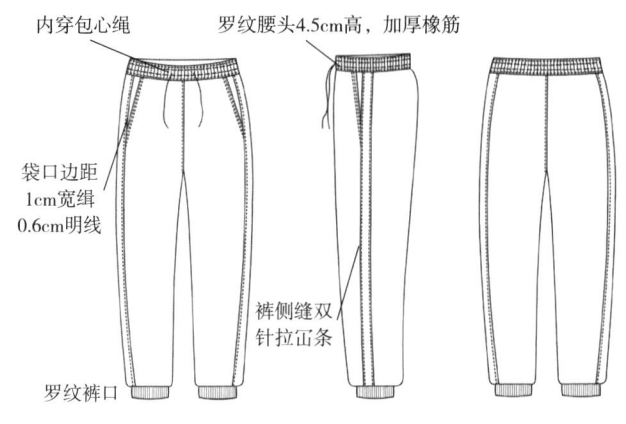

图5-2　针织运动长裤工艺说明图

5.1.3　工序统计

对针织运动长裤工艺进行分析，整理生产工艺，确定各工序的标准工作时间，见表5-1。

表5-1　针织运动长裤工序统计表

序号	部件	工序名称	机器设备	工时／秒
1	裁片	挂片	手工	40.8
2	腰头	实样点腰头平眼位2点×1	手工	11.7
3	腰头	钉平眼（腰头）2个	电脑纽门车	18.4
4	腰头	剪量橡筋×1　连点3点×1	手工	13.4
5	腰头	拼缝橡筋	电脑平缝机	14.3
6	腰头	对折烫罗纹×1	烫台	17.5
7	腰头	拼缝罗纹腰头×1	电脑平缝机	11.9
8	腰头	缉缝腰头下缘连固定腰围4点×1	电脑平缝机／稀针	99.8
9	腰头	缉缝腰头橡筋×1	橡筋机	46.3
10	腰头	拆固定线4点×1	手工	17.5
11	腰头	绷缝腰头下缘牵条×1	电脑单针绷缝机	32.2
12	腰头	平缝机拼缝腰头牵条连修剪连夹缉一段×1	电脑平缝机	43.7
13	腰头	打套结2个×1	电脑套结机	14.3

续表

序号	部件	工序名称	机器设备	工时/秒
14	罗纹	对折烫罗纹裤口×2	烫台	21.2
15	罗纹	拼缝罗纹脚口连翻连固定止口×2	电脑平缝机	46.4
16	口袋	缉缝前片斜插袋布×2	偏密/电脑四线包缝车	30.8
17	口袋	缉前片斜插袋暗明线×2	电脑平缝机/低转速	29.5
18	口袋	实样缉前片斜插袋口1.5cm阔明线×2	电脑平缝机/低转速	46.3
19	口袋	实样点垫袋布斜插袋口位2点×2	手工	17.1
20	口袋	缉缝斜插垫袋布两端连固定枣位含袋口下端侧缝一段×2	电脑平缝机	56.6
21	口袋	锁缝前袋布×2	偏密/电脑四线包缝机	38.4
22	口袋	稀针走定腰头位前袋布×2	电脑平缝机/稀针	18.5
23	口袋	打套结4个×1	电脑套结机	23.7
24	组合	缉缝组合标×1 连剪	电脑平缝机	16.3
25	组合	锁缝侧缝连洗水标×2	偏密/电脑四线包缝机	76.5
26	组合	绷缝侧缝×2	电脑三针五线绷缝机	69.7
27	组合	双针缉缝侧缝牵条×2	电脑双针锁链机	109.3
28	组合	四线合下裆×2	偏密/电脑四线包缝机	55.4
29	组合	四线合前后连缝裆同时落透明带×1	偏密/电脑四线包缝机	42.2
30	组合	划袋高低位2个×1	手工	11.5
31	组合	绱橡筋腰头×1	电脑四线包缝机	55
32	组合	双针三线绷缝机合腰头橡筋×1	电脑双针三线绷缝机	84.8
33	组合	实样点位钉腰围主标及尺码标连缉单线2个×1	电脑平缝机	38.2
34	组合	脚口锁边2条×1	偏密/电脑四线包缝机	33.8
35	组合	四线装罗纹脚口2条×1	偏密/电脑四线包缝机	59.3
36	组合	打套结2个×1	电脑套结机	12.2
总计			1374.5	

5.1.4　各工序时间分析直方图（图5-3）

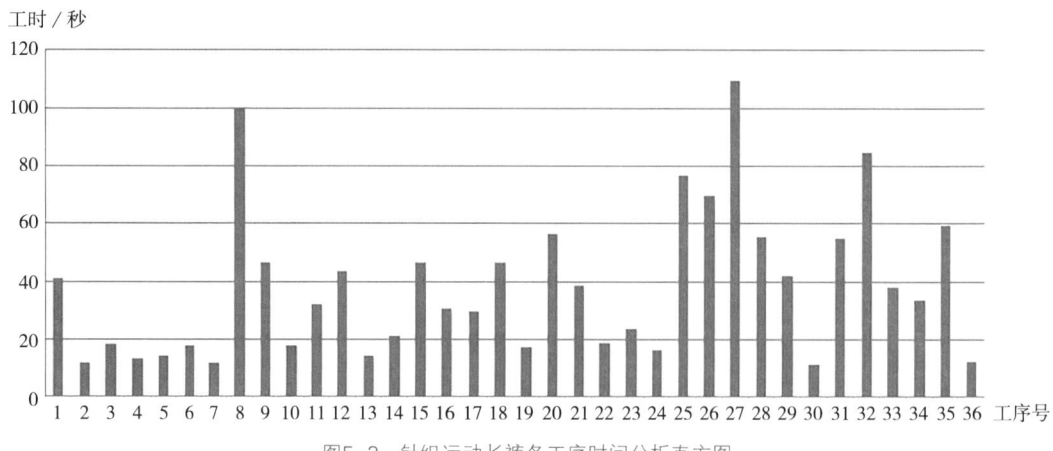

图5-3　针织运动长裤各工序时间分析直方图

5.1.5　各工序时间分析雷达图（图5-4）

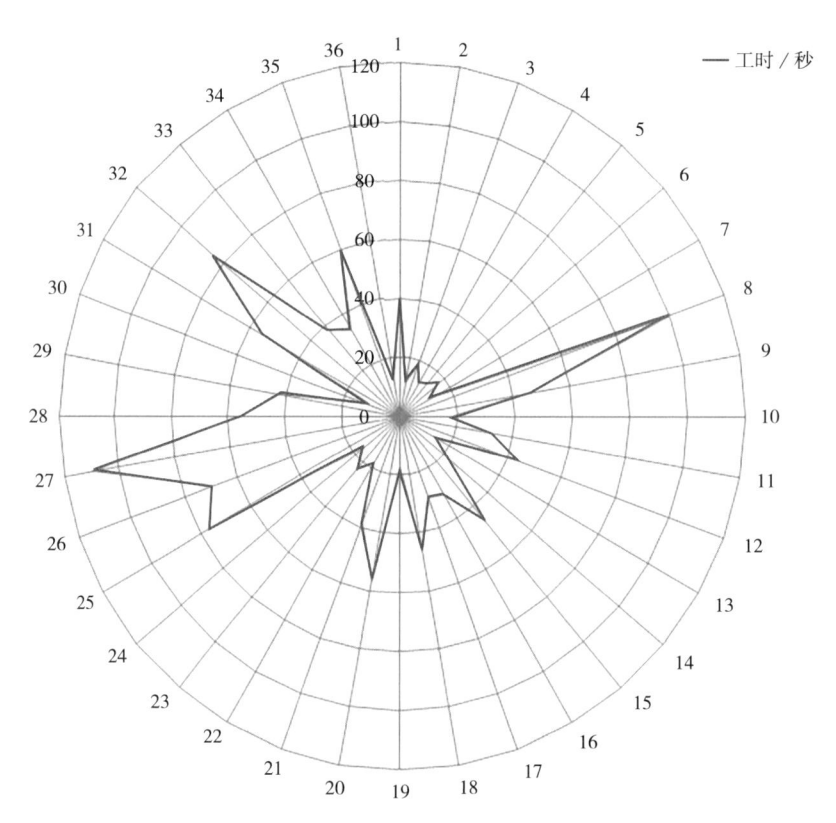

图5-4　针织运动长裤各工序时间分析雷达图

由直方图和雷达图可以明显看出，工序27工时最高，为109.3秒，是瓶颈工序。工序30工时最低，为11.5秒。两者的差值为97.8秒，比值为11.5∶109.3=1∶9.5。由雷达图明显看出整体工序的时间较分散，导致生产线整体效率不高，需要做工序的优化组合以平衡生产线工时。

5.1.6 优化组合

按照模块式生产排位系统的特点，就是指采用较少的工作位进行单件成衣的加工缝制，一般为10个左右，1个工位为1个模块，每个模块由2~3台机器组成，由1个工人进行操作。针织运动长裤流水线拟订工位为10个，总加工时间为1374.5秒。生产线节拍=总加工时间／工位数=1374.5／10=137.45（秒）。日产量=工作时间／节拍=28800／137.45≈209.5（件），取210件。按照生产线平衡的要求，对各工序进行组合优化，使组合后的工序接近节拍或等于节拍。组合时，原则上按照同一部件和加工顺序进行组合。

（1）负荷率计算（表5-2）

表5-2　针织运动长裤工序负荷率表

序号	部件	工序名称	机器设备	工时／秒	负荷率
1	裁片	挂片	手工	40.8	0.30
2	腰头	实样点腰头平眼位2点×1	手工	11.7	0.09
3	腰头	钉平眼（腰头）2个	电脑纽门车	18.4	0.13
4	腰头	剪量橡筋×1　连点3点×1	手工	13.4	0.10
5	腰头	拼缝橡筋	电脑平缝机	14.3	0.10
6	腰头	对折烫罗纹×1	烫台	17.5	0.13
7	腰头	拼缝罗纹腰头×1	电脑平缝机	11.9	0.09
8	腰头	缉缝腰头下缘连固定腰围4点×1	电脑平缝机／稀针	99.8	0.73
9	腰头	缉缝腰头橡筋×1	橡筋机	46.3	0.34
10	腰头	拆固定线4点×1	手工	17.5	0.13
11	腰头	绷缝腰头下缘牵条×1	电脑单针绷缝机	32.2	0.23
12	腰头	平缝机拼缝腰头牵条连修剪连夹缉一段×1	电脑平缝机	43.7	0.32
13	腰头	打套结2个×1	电脑套结机	14.3	0.10
14	罗纹	对折烫罗纹裤口×2	烫台	21.2	0.15

续表

序号	部件	工序名称	机器设备	工时／秒	负荷率
15	罗纹	拼缝罗纹脚口连翻连固定止口×2	电脑平缝机	46.4	0.34
16	口袋	缉缝前片斜插袋布×2	偏密／电脑四线包缝车	30.8	0.22
17	口袋	缉前片斜插袋暗明线×2	电脑平缝机／低转速	29.5	0.21
18	口袋	实样缉前片斜插袋口1.5cm阔明线×2	电脑平缝机／低转速	46.3	0.34
19	口袋	实样点垫袋布斜插袋口位2点×2	手工	17.1	0.12
20	口袋	缉缝斜插垫袋布两端连固定枣位含袋口下端侧缝一段×2	电脑平缝机	56.6	0.41
21	口袋	锁缝前袋布×2	偏密／电脑四线包缝机	38.4	0.28
22	口袋	稀针走定腰头位前袋布×2	电脑平缝机／稀针	18.5	0.13
23	口袋	打套结4个	电脑套结机	23.7	0.17
24	组合	缉缝组合标×1　连剪	电脑平缝机	16.3	0.12
25	组合	锁缝侧缝连洗水标×2	偏密／电脑四线包缝机	76.5	0.56
26	组合	绷缝侧缝×2	电脑三针五线绷缝机	69.7	0.51
27	组合	双针缉缝侧缝牵条×2	电脑双针锁链机	109.3	0.80
28	组合	四线合下裆×2	偏密／电脑四线包缝机	55.4	0.40
29	组合	四线合前后连缝裆同时落透明带×1	偏密／电脑四线包缝机	42.2	0.31
30	组合	划袋高低位2个×1	手工	11.5	0.08
31	组合	绱橡筋腰头×1	电脑四线包缝机	55	0.40
32	组合	双针三线绷缝机合腰头橡筋×1	电脑双针三线绷缝机	84.8	0.62
33	组合	实样点位钉腰围主标及尺码标连缉单线2个×1	电脑平缝机	38.2	0.28
34	组合	脚口锁边2条×1	偏密／电脑四线包缝机	33.8	0.25
35	组合	四线装罗纹脚口2条×1	偏密／电脑四线包缝机	59.3	0.43
36	组合	打套结2个	电脑套结机	12.2	0.09

（2）工序优化组合分析

为提高套结机的利用率，可将所有套结作业都放到最后完成。工序13和工序23调到工序36后面完成，不会影响其他作业的制作。工序1是挂片，负荷率0.30，较低，不能独立成为1个工位。所以将工序1放到腰头制作模块。

①工序1、工序2、工序3、工序4、工序5、工序6和工序7组合，工时为128秒，负荷率为0.94，接近节拍，组合为1个工位，由1人承担。共使用3种设备，有烫台、电脑纽门车、电脑平缝机。

②工序8和工序9组合为工位，工时为146.1秒，负荷率为1.07，由1人承担。共使用2种设备，分别为电脑平缝机和橡筋机。

③工序10和工序11、工序12和工序14组合，工时为114.6秒，负荷率为0.93，组合为1个工位，由1人承担。共使用3种设备，分别是烫台、电脑单针绷缝机、电脑平缝机。工序13调到工序36的后面。

④工序15、工序16、工序17和工序18组合，工时为153秒，负荷率为1.11，组合为1个工位，由1人承担。共使用3种设备，分别是电脑平缝机，偏密／电脑四线包缝机、电脑平缝机／低转速。

⑤工序19、工序20、工序21和工序22组合，工时为130.6秒，负荷率为0.94，组合为1个工位，由1人承担。共使用4种设备，分别是烫台、电脑平缝机，电脑四线包缝机、电脑平缝机／低转速。工序23调到工序36的后面。

⑥工序24、工序25和工序26组合，工时为162.5秒，负荷率为1.19，组合为1个工位，由1人承担。共使用3种设备，分别是烫台、电脑平缝机、电脑四线包缝机，电脑三针五线绷缝机。

⑦工序27和工序28组合，工时为164.7秒，负荷率为1.2，组合为1个工位，由1人承担。共使用2种设备，分别是双针锁链机，偏密／电脑四线包缝机。

⑧工序29、工序30、工序31和工序32组合工时为193.5秒，负荷率为1.41，偏高，观察工序33，可以和工序32调换顺序。工序29、工序30、工序31和工序33组合，工时为146.9秒，工序负荷率为1.07，接近节拍，组合为1个工位，由1人承担。共使用4种设备，分别是偏密／电脑四线包缝机、烫台、电脑四线包缝机和电脑平缝机。

⑨工序32和工序34组合，工时为118.6秒，负荷率为0.87，组合为1个工位。由1人承担，共使用2种设备，分别是电脑双针三线绷缝机、四线包缝机。

⑩工序35、工序36、工序13和工序23组合，工时为109.5秒，负荷率为0.79，稍低，暂时先组合为1个工位，由1人承担。共使用2种设备，分别是电脑四线包缝机和电脑套结机。

整个方案的设置中，没有工序逆流现象，所有在制品单方向流动。

按照分析，绘制针织运动长裤工序优化组合表（表5-3）。

表5-3 针织运动长裤工序优化组合表

工位号	工序组合	设备	工时/秒	组合负荷率
1	1+2+3+4+5+6+7	手工+电脑纽门车+电脑平缝机+烫台	128	0.94
2	8+9	电脑平缝机/稀针+橡筋机	146.1	1.07
3	10+11+12+14	手工+电脑单针绷缝机+电脑平缝机+烫台	114.6	0.93
4	15+16+17+18	电脑平缝机+偏密/电脑四线包缝机+电脑平缝机/低转速	153	1.11
5	19+20+21+22	手工+电脑平缝机+偏密/电脑四线包缝机+电脑平缝机/稀针	130.6	0.94
6	24+25+26	电脑平缝机+偏密/电脑四线包缝机+电脑三针五线绷缝机	162.5	1.19
7	27+28	电脑双针绷缝机+偏密/电脑四线包缝机	164.7	1.20
8	29+30+31+33	偏密/电脑四线包缝机+手工+电脑四线包缝机+电脑平缝机	146.9	1.07
9	32+34	电脑双针三线绷缝机+偏密/电脑四线绷缝机	118.6	0.87
10	35+36+13+23	偏密/电脑四线绷缝机+电脑套结机	109.5	0.79

5.1.7 组合方案评估

本方案组合工位的最高负荷率达到1.20，稍高，需要先评估流水线的平衡率。在表5-3中，工位7的负荷率最高为1.20，为瓶颈工位，组合工时为164.7秒。服装的总工时为1374.5秒。本方案共有10个组合工位。

平衡率=$[\sum t_i/(工位数 \times CT)] \times 100\%$=[1374.5/(164.7×10)]×100%=（1374.5/1647）×100% =83%。平衡率<85%，该方案属于差级别。

平衡率不达标，需要降低瓶颈工位的负荷率，重新组合工序。本案例工序的前后顺序要强，不能进行单个工序位置的调整。观察瓶颈工位的前后工位的负荷率，前一个工位是工位6，负荷率为1.19。后一个组合工位是工位8，负荷率为1.07，将工位7和工位8组合，负荷率为2.27，由2人承担，平均负荷率为1.14。负荷率得到降低，总的工位数不变。

修改后的平衡率=[各工序时间总和/（工位数×瓶颈工序时间）]×100%=$[\sum t_i/(工位数 \times CT)] \times 100\%$=[1374.5/（162.5×10）]×100%=（1374.5/1647）×100% =85%。

修改后的流水线方案提高2%的平衡率。而且，修改后的平衡率属于良好（表5-4）。

表5-4 调整后的组合工位表

工位号	组合工序	设备	工时/秒	组合负荷率	工位数
1	1+2+3+4+5+6+7	手工+电脑纽门车+电脑平缝机+烫台	128	0.94	1
2	8+9	电脑平缝机/稀针+橡筋机	146.1	1.07	1
3	10+11+12+14	手工+电脑单针绷缝机+电脑平缝机+烫台	114.6	0.93	1
4	15+16+17+18	电脑平缝机+偏密/电脑四线包缝机+电脑平缝机/低转速	153	1.11	1
5	19+20+21+22	手工+电脑平缝机+偏密/电脑四线包缝机+电脑平缝机/稀针	130.6	0.94	1
6	24+25+26	电脑平缝机+偏密/电脑四线包缝机+电脑三针五线绷缝机	162.5	1.19	1
7	27+28+29+30+31+33	电脑双针包缝机+偏密/电脑四线包缝机+手工+电脑四线包缝机+电脑平缝机	311.6	2.27	2
8	32+34	电脑双针三线绷缝机+偏密/电脑四线包缝机	118.6	0.87	1
9	35+36+13+23	偏密/电脑四线包缝机+电脑套结机	109.5	0.79	1

工位7和工位8合并，由2人承担。1人完成工序28、工序29、工序31，负荷率为1.11，另一人完成工序27、工序30、工序33，负荷率为1.16。所有工位都在共同工位中完成，工序28负荷率为0.4，工序29负荷率为0.31，可以共用1台偏密/电脑四线包缝机。在制品完成作业后，按节拍流进流出公共工位，不影响整个流水线的节奏。可以应用吊挂运输系统传送在制品。

组合后的工位时间分析直方图如图5-5所示。

图5-5 组合后工位时间分析直方图

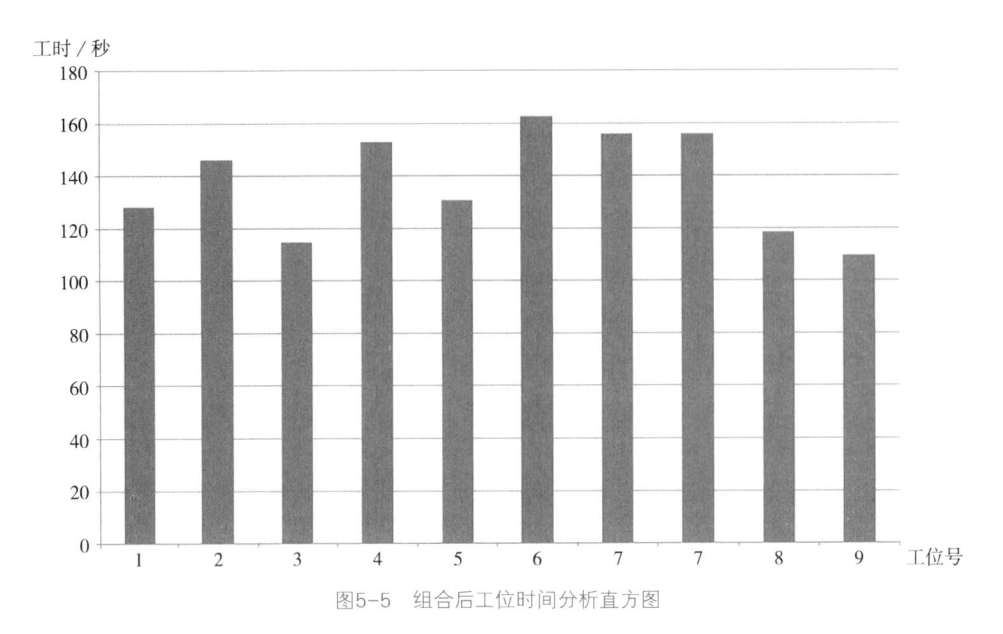

对比组合前后的工位直方图可以明显看出，各工位的工时分布集中。各组合工位的工时被限制在[109.5秒，162.5秒]范围内。两者的差值为53秒，比值为109.5∶162.5=1∶1.5，小于组合前的1∶9.5。工位间的不平衡程度有很大的改善。

5.1.8 工位安排

根据分析，修正方案合理，可以进行工位安排预案编制，为进一步绘制工位图做准备（图5-6）。

工位数	1	1	1	1	1
设备	手工+电脑纽门车+电脑平缝机+烫台	电脑平缝机/稀针+橡筋机	手工+电脑单针绷缝机+电脑平缝机+烫台	电脑平缝机+偏密/电脑四线包缝机+电脑平缝机/低转速	手工+电脑平缝机+偏密/电脑四线包缝机+电脑平缝机/稀针
工序号组合	1+2+3+4+5+6+7	8+9	10+11+12+14	15+16+17+18	19+20+21+22
工位号	1	2	3	4	5

U型物流路径

工位号	9	8	7, 7	6
工序号组合	35+36+13+23	32+34	27+28+29+30+31+33	24+25+26
设备	偏密/电脑四线包缝机+电脑套结机	电脑双针三线绷缝机+偏密/电脑四线包缝机	电脑双针包缝机+偏密/电脑四线包缝机+手工+电脑平缝机	电脑平缝机+偏密/电脑四线包缝机+电脑三针五线绷缝机
工位数	1	1	2	1

图5-6 针织运动长裤的工位安排预案

5.1.9 工位安排图绘制（图5-7）

按照设计好的工位预案，根据各工序所使用的设备，以及需要的数量，将设备按照U型流水线的安排，共安置9个工位。流水线按照工位的顺序依次沿着U型路线安排开。其中工位7由2人承担，实际相当2个工位，这个公共工位较长，共5台设备，面向通道、环型摆放。流水线按节拍进出工位，方案合理可行。

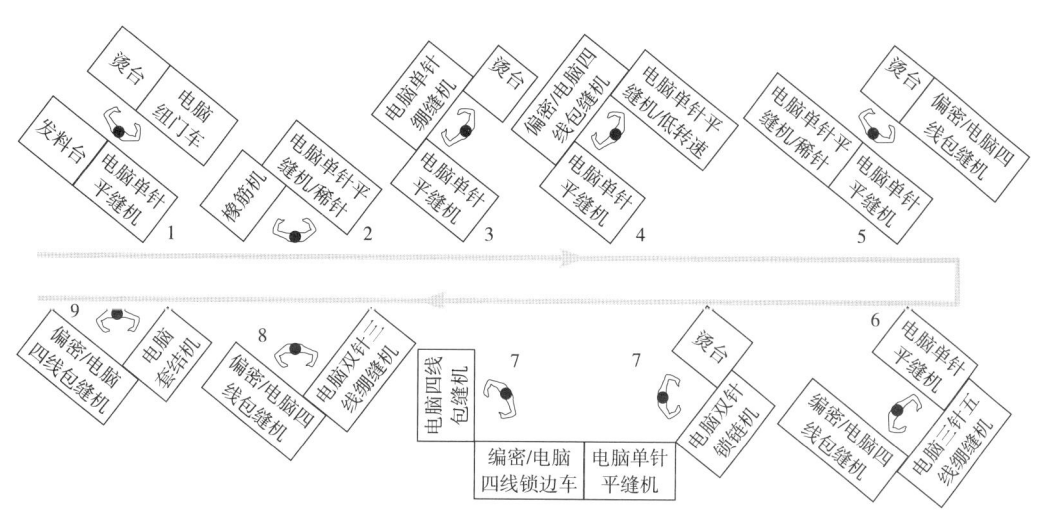

图5-7 针织运动长裤模块式流水线工位安排图

5.2 连帽针织女外套生产线平衡设计

5.2.1 款式特点

前片有分割，前下片做兜袋，过肩，连帽。

5.2.2 工艺说明（图5-8）

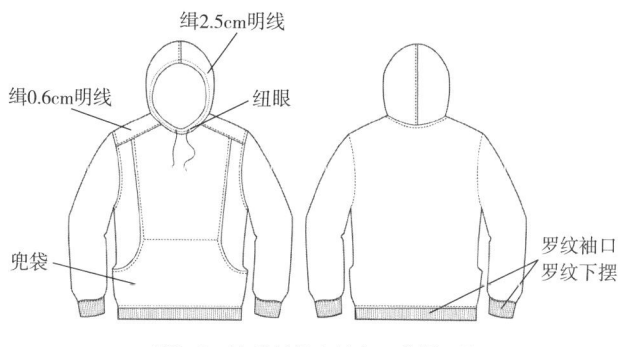

图5-8 连帽针织女外套工艺说明图

5.2.3　工序统计（表5-5）

表5-5　连帽针织女外套工序统计表

序号	部件	工序名称	设备	工时／秒
1	帽子	包缝机锁帽中×1	包缝机	25
2	帽子	缉帽骨0.6cm×1	平缝机	22
3	帽子	包缝机绱帽口贴×1	包缝机	42
4	帽子	平缝机缉帽口贴暗线×1	平缝机	40
5	帽子	平缝机缉帽口2.5cm单明线×1	平缝机	42
6	帽子	开帽口纽眼×2	扣眼车	15
7	兜袋	包缝机合兜袋原身布与平纹布×1	包缝机	18
8	袖口	平缝机缝合罗纹袖口×2（高6cm）	平缝机	28
9	衫脚	平缝机缝合罗纹下摆×2	平缝机	14
10	前幅	平缝机缉缝前幅撞色牙子0.3cm宽×2	包缝机	36
11	前幅	平缝机绱兜袋×2	平缝机	84
12	前幅	平缝机缉兜袋单明线×1	平缝机	86
13	前幅	包缝机拼缝前侧×2	包缝机	54
14	前幅	平缝机缉前侧缝份0.6cm单明线×2	平缝机	52
15	组合	包缝机合肩×2（同时加肩带）	包缝机	68
16	组合	平缝机缉肩缝面0.6cm单明线×2	平缝机	64
17	组合	包缝机绱袖×2	包缝机	52
18	组合	平缝机绱袖窿面0.6cm单明线×2	平缝机	78
19	组合	平缝机绱帽×1	平缝机	36
20	组合	包缝机锁领缝×1	包缝机	32
21	组合	平缝机绱包领织带×1	平缝机	92
22	组合	平缝机缉领圈面0.6cm单明线×1	平缝机	42
23	组合	包缝机缝合袖底缝及侧缝连洗水唛×2	包缝机	64
24	组合	包缝机绱袖口罗纹×2	包缝机	58
25	组合	包缝机绱下摆罗纹×1	包缝机	62
26	专机	后片烫唛×1	烫唛机	24
27	专机	穿帽绳×1（打结四次）	手工	45

5.2.4 各工序时间分析直方图（图5-9）

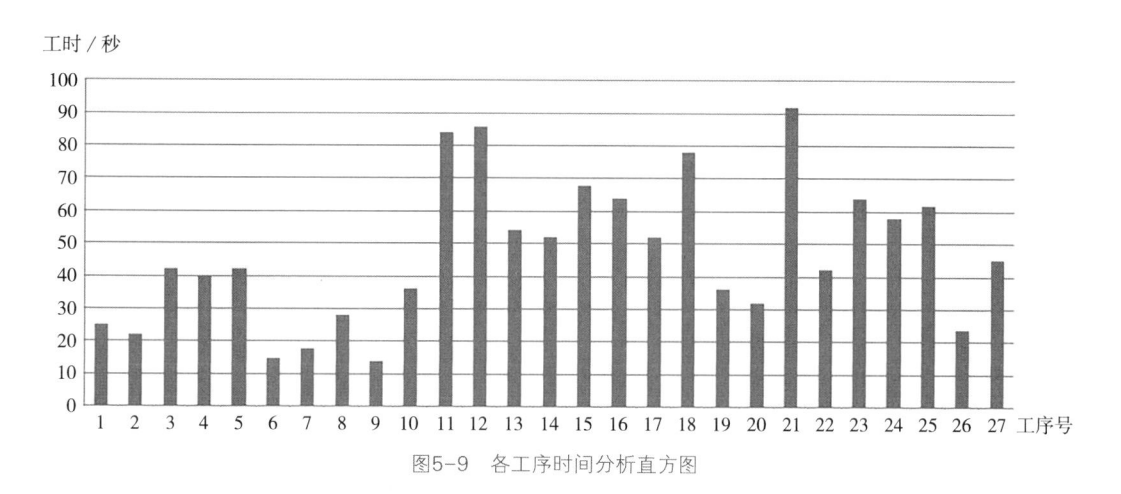

图5-9　各工序时间分析直方图

5.2.5 各工序时间分析雷达图（图5-10）

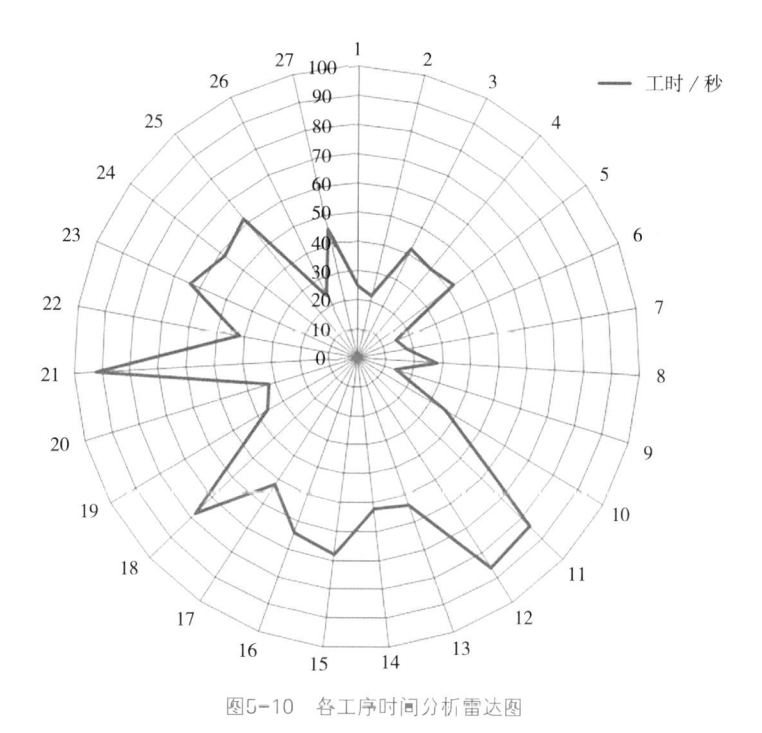

图5-10　各工序时间分析雷达图

由直方图明显看出第21个工序是工时最多的工序，为92秒，是瓶颈工序。工序9是工时最低的工序，为14秒，两者的差值为78秒，比值为14∶92=1∶6.6。由雷达图明显看出整体工序的时间较分散，会导致生产线整体效率不高。需要做工序的优化组合。

5.2.6 工序优化组合

拟订工位为10个,连帽针织女外套总加工时间为1275秒,生产线节拍=总的加工时间／工位数=1275／10=127.5(秒)。日产量=工作时间／节拍=28800／127.5=225.9(件),取226件。

(1)负荷率计算

按照127.5秒的节拍,计算各工序的负荷率并增加到表5-6中。

表5-6 连帽针织女外套工序负荷率表

序号	部件	工序名称	设备	工时／秒	负荷率
1	帽子	包缝机锁帽中×1	包缝机	25	0.20
2	帽子	缉帽骨0.6cm×1	平缝机	22	0.17
3	帽子	包缝机绱帽口贴×1	包缝机	42	0.33
4	帽子	平缝机缉帽口贴暗线×1	平缝机	40	0.31
5	帽子	平缝机缉帽口2.5cm单明线×1	平缝机	42	0.33
6	帽子	开帽口纽眼×2	扣眼车	15	0.12
7	兜袋	包缝机合兜袋原身布与平纹布×1	包缝机	18	0.14
8	袖口	平缝机缝合罗纹袖口×2(高6cm)	平缝机	28	0.22
9	下摆	平缝机缝合罗纹下摆×2	平缝机	14	0.11
10	前片	平缝机缉缝前幅撞色牙子0.3cm宽×2	包缝机	36	0.28
11	前片	平缝机绱兜袋×2	平缝机	84	0.66
12	前片	平缝机缉兜袋单明线×1	平缝机	86	0.67
13	前片	包缝机拼缝前侧×2	包缝机	54	0.42
14	前片	平缝机缉前侧缝份0.6cm单明线×2	平缝机	52	0.41
15	组合	包缝机合肩×2(同时加肩带)	包缝机	68	0.53
16	组合	平缝机缉肩缝面0.6cm单明线×2	平缝机	64	0.50
17	组合	包缝机绱袖×2	包缝机	52	0.41
18	组合	平缝机绱袖窿面0.6cm单明线×2	平缝机	78	0.61
19	组合	平缝机绱帽×1	平缝机	36	0.28
20	组合	包缝机锁领缝×1	包缝机	32	0.25
21	组合	平缝机绱包领织带×1	平缝机	92	0.72

续表

序号	部件	工序名称	设备	工时/秒	负荷率
22	组合	平缝机缉领圈面0.6cm单明线×1	平缝机	42	0.33
23	组合	包缝机缝合袖底缝及侧缝连洗水唛×2	包缝机	64	0.50
24	组合	包缝机绱袖口罗纹×2	包缝机	58	0.45
25	组合	包缝机绱下摆罗纹×1	包缝机	62	0.49
26	专机	后片烫唛×1	烫唛机	24	0.19
27	专机	穿帽绳×1（打结四次）	手工	45	0.35

（2）工序优化组合分析

本案例传送设备可以采用地面轨道分篮装置。一个个大篮子安装在U型轨道上，在轨道的电控装置上设定传送的节拍时间。生产时，轨道定时转动运输在制品到下一个工位。工序优化组合中虽然不用考虑统一设备，但仍然要保障各工位生产时接近节拍，保证生产的流畅性。

①工序1、工序2、工序3、工序4组合，工时为129秒，负荷率为1.01，接近节拍，组合为1个工位，由1人承担。共使用2种设备，有包缝机和平缝机。

②工序5、工序6、工序7、工序8和工序9组合，工时为117秒，负荷率为0.92，接近节拍，组合为1个工位，由1人承担。共使用3种设备，有扣眼车、包缝机和平缝机。

③工序10和工序11组合，工时为120秒，负荷率为0.94，组合为1个工位，由1人承担。共使用2种设备，分别是包缝机和平缝机。

④工序12和工序13组合，工时为140秒，负荷率为1.09，组合为1个工位，由1人承担。共使用2种设备，分别是包缝机和平缝机。

⑤工序14和工序15组合，工时为120秒，负荷率为0.94，组合为1个工位，由1人承担。共使用2种设备，分别是平缝机和包缝机。

⑥工序16和工序17组合，工时为116秒，负荷率为0.91，组合为1个工位，由1人承担。共使用2种设备，分别是包缝机和平缝机。

⑦工序18、工序19和工序20组合，工时为146秒，负荷率为1.14，组合为1个工位，由1人承担，共使用2种设备，分别是包缝机和平缝机。

⑧工序21和工序22组合，工时为134秒，负荷率为1.05，组合为1个工位，由1人承担。共使用1种设备，是平缝机。

⑨工序23和工序24组合，工时为122秒，负荷率为0.95，组合为1个工位，由1人承担。共使用1种设备，是包缝机。

⑩工序25和工序26、工序27组合，共时为131秒，负荷率为1.03，组合为1个工位，由1人承担。共使用2种设备，分别是包缝机和烫唛机。

整个方案的设置中，没有工序逆流现象，所有在制品再生产时，单方向流动。按照分析，将工序进行组合，见表5-7。

表5-7 连帽针织女外套工序优化组合分析表

序号	部件	工序名称	设备	工时／秒	负荷率	组合负荷率	工位数
1	帽子	包缝机锁帽中×1	包缝机	25	0.20	1.01	1
2	帽子	缉帽骨0.6cm×1	平缝机	22	0.17		
3	帽子	包缝机绱帽口贴×1	包缝机	42	0.33		
4	帽子	平缝机缉帽口贴暗线×1	平缝机	40	0.31	0.92	1
5	帽子	平缝机缉帽口2.5cm单明线×1	平缝机	42	0.33		
6	帽子	开帽口纽眼×2	扣眼车	15	0.12		
7	兜袋	包缝机合兜袋原身布与平纹布×1	包缝机	18	0.14		
8	袖口	平缝机缝合罗纹袖口×2（高6cm）	平缝机	28	0.22		
9	下摆	平缝机缝合罗纹下摆×2	平缝机	14	0.11		
10	前片	平缝机缉缝前幅撞色牙子0.3cm宽×2	包缝机	36	0.28	0.94	1
11	前片	平缝机绱兜袋×2	平缝机	84	0.66		
12	前片	平缝机缉兜袋单明线×1	平缝机	86	0.67	1.09	1
13	前片	包缝机拼缝前侧×2	包缝机	54	0.42		
14	前片	平缝机缉前侧缝份0.6cm单明线×2	平缝机	52	0.41	0.94	1
15	组合	包缝机合肩×2（同时加肩带）	包缝机	68	0.53		
16	组合	平缝机缉肩缝面0.6cm单明线×2	平缝机	64	0.50	0.91	1
17	组合	包缝机绱袖×2	包缝机	52	0.41		
18	组合	平缝机绱袖窿面0.6cm单明线×2	平缝机	78	0.61	1.14	1
19	组合	平缝机绱帽×1	平缝机	36	0.28		
20	组合	包缝机锁领缝×1	包缝机	32	0.25		
21	组合	平缝机绱包领织带×1	平缝机	92	0.72	1.05	1
22	组合	平缝机缉领圈面0.6cm单明线×1	平缝机	42	0.33		
23	组合	包缝机缝合袖底缝及侧缝连洗水唛×2	包缝机	64	0.50	0.95	1
24	组合	包缝机绱袖口罗纹×2	包缝机	58	0.45		
25	组合	包缝机绱下摆罗纹×1	包缝机	62	0.49	1.03	1
26	专机	后片烫唛×1	烫唛机	24	0.19		
27	专机	穿帽绳×1（打结四次）	手工	45	0.35		

优化组合分析表制作完后，按照工序号的顺序，也就是按照服装加工的顺序编制组合工位排序表（表5-8）。

表5-8 连帽针织女外套组合工位排序表

工位号	序号	设备	工时／秒	组合负荷率	工位数
1	1+2+3+4	包缝机+平缝机	129	1.01	1
2	5+6+7+8+9	平缝机+扣眼车+包缝机+平缝机	117	0.92	1
3	10+11	包缝机+平缝机	120	0.94	1
4	12+13	平缝机+包缝机	140	1.09	1
5	14+15	平缝机+包缝机	120	0.94	1
6	16+17	平缝机+包缝机	116	0.91	1
7	18+19+20	平缝机+包缝机	146	1.14	1
8	21+22	平缝机	134	1.05	1
9	23+24	包缝机	122	0.95	1
10	25+26+27	包缝机+烫唛机+手工	131	1.03	1

5.2.7 组合方案评估

（1）比较组合后各工位工时分布的集中度

组合后的工时分析直方图如图5-11所示。

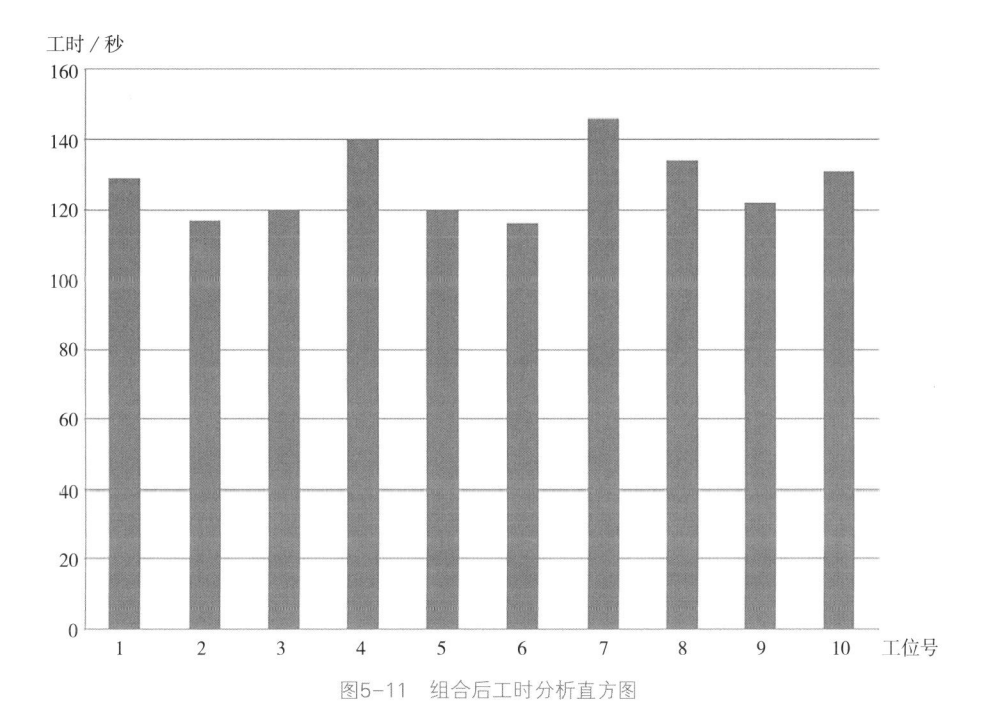

图5-11 组合后工时分析直方图

对比组合前后的工位直方图可以明显看出，各工位的工时分布集中。各组合工位的工时被限制在116~146秒。两者的差值为30秒，比值为116：146=1：1.3，小于组合前的1：6.6。工位间的不平衡程度有很大的改善。

（2）计算组合方案的平衡率

本方案组合工位7的负荷率最高，组合工时为146秒，是该流水线的瓶颈工位。本案例的总工时为1275秒，共有10个组合工位。

平衡率=[各工序时间总和／（工位数×瓶颈工序时间）]×100%=[$\sum t_i$／（工位数×CT）]×100%=[1275／（146×10）]×100%=（1275／1460）×100%=87%。85%≤平衡率<90%，该方案平衡度属于良好。

5.2.8 工位安排

按照5.2.6的分析和工位加工的原则，编制工位安排预案（图5-12）。

工位数	1	1	1	1	1
设备	包缝机+平缝机	平缝机+扣眼车+包缝机	包缝机+平缝机	平缝机+包缝机	平缝机+包缝机
工序号组合	1+2+3+4	5+6+7+8+9	10+11	12+13	14+15
工位号	1	2	3	4	5

U型物流路径

工位号	10	9	8	7	6
工序号组合	25+26+27	23+24	21+22	18+19+20	16+17
设备	包缝机+烫唛机+手工	包缝机	平缝机	平缝机+包缝机	平缝机+包缝机
工位数	1	1	1	1	1

图5-12 连帽针织女外套安排预案

5.2.9 工位安排图绘制

按照设计和各工序所使用的设备及需要的数量，将设备按照U型流水线的安排，共安置10个工位。在制品按照设定好的节拍在各工位单向传递。可设置为U型流水模块式工位线，也可设计为直线型模块式工位线。U型流水模块式工位线可采用吊挂传送带，也可采用低位转篮轨道传送（图5-13）。

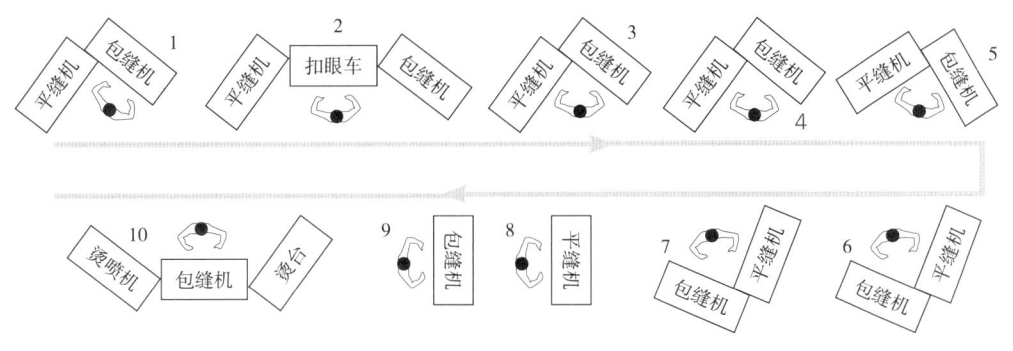

图5-13　连帽女外套模块式流水线工位安排图

5.2.10　大篮子低位轨道传送系统示意图（图5-14）

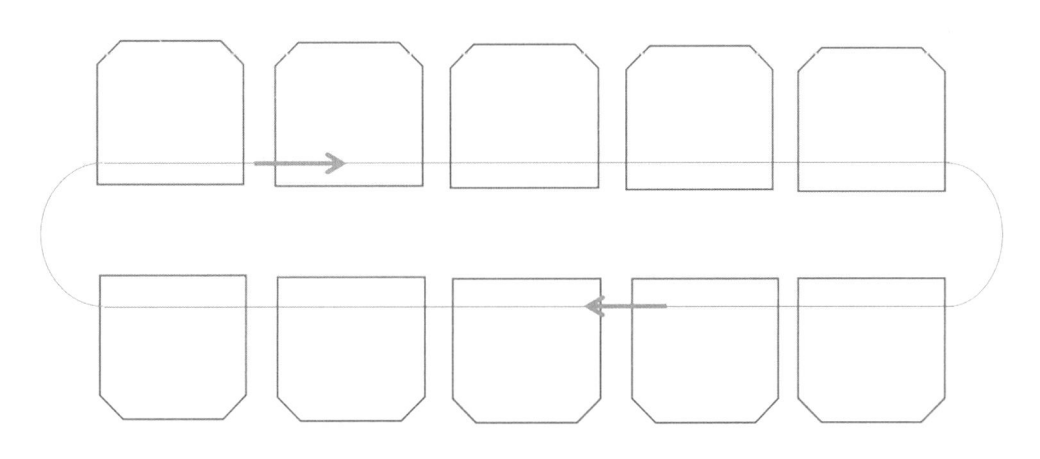

图5-14　大篮子低位轨道传送系统示意图

5.2.11　站立式自动化设备的应用

模块式流水线适合多品种、短周期的产品的生产需求。有的工序简单，有的工序复杂。多品种必然出现多种工艺作业。这就要求工人技能水平高，熟悉相对多的工艺制作。企业需要培养多能工。

在模块式流水生产模式中，更提倡采用站立式生产方式，使用全自动化站立式缝纫机器。全自动站立式的设备，人工操作时间大大缩短，机器作业时间增加，使工人有更多的闲暇时间。站立式生产方式方便工人走位，可以实现1人对多台机器的模式，充分利用和提高工人的价值。未来，服装的一线工人更多的是进行喂料和设备管理，服装企业将趋向少人化和高科技化发展。

5.2.12 常见的站立式全自动化缝纫机器图片（图5-15~图5-29）

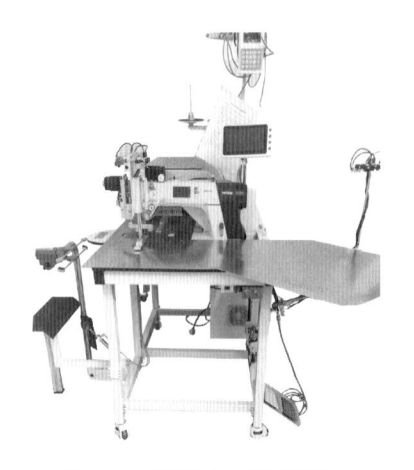

图5-15　T恤衫自动开门襟机

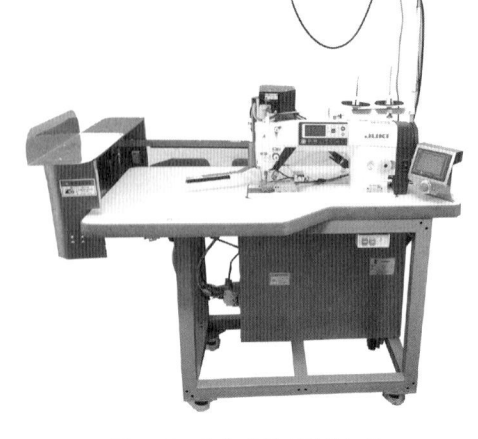

图5-16　全自动缉明线缝纫机

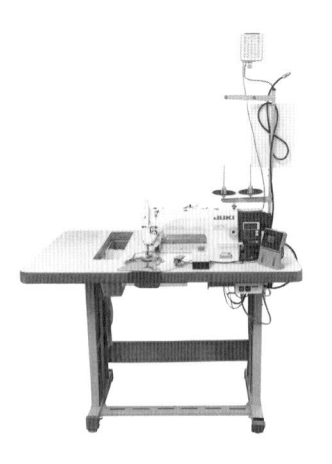

图5-17　全自动包下级领缝纫机

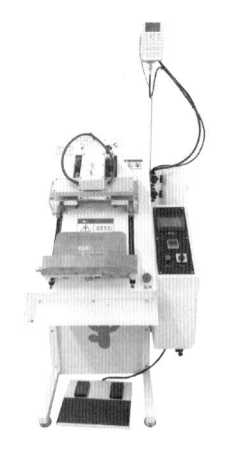

图5-18　全自动焗袖口机

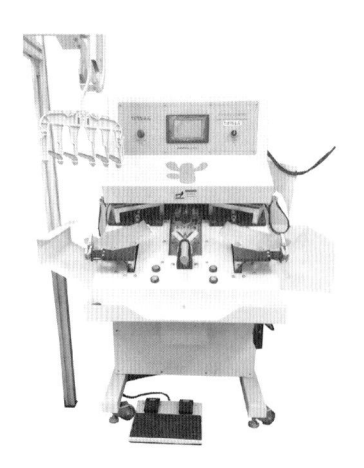

图5-19　自动切反焗领机

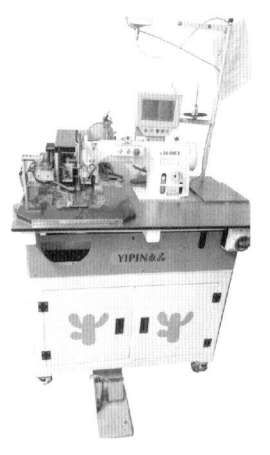

图5-20　全自动袖衩缝纫机

图5-21　全自动转头袖山缝压平机

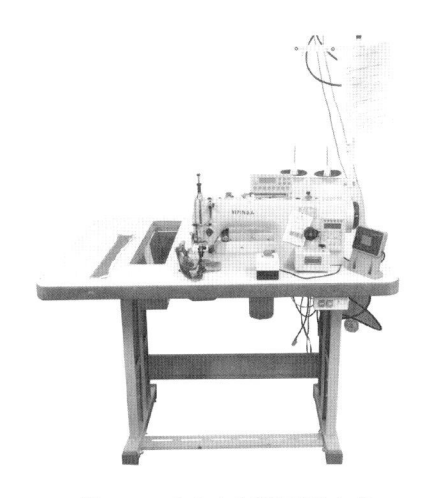

图5-22　全自动走领脚线缝纫机

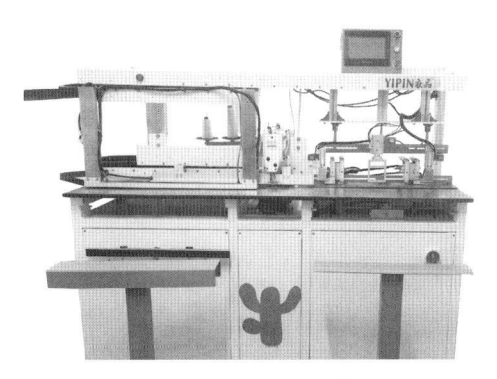

图5-23　Ⅲ针织衫下摆缝纫机

图5-24　全自动收后幅褶缝纫机

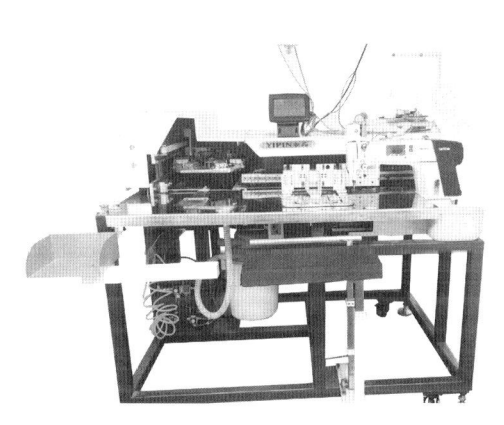

图5-25　全自动贴袋缝纫机

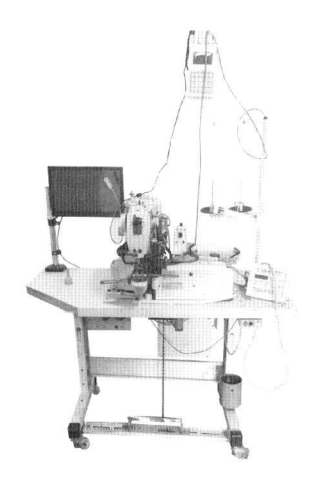

图5-26　全自动钉扣机

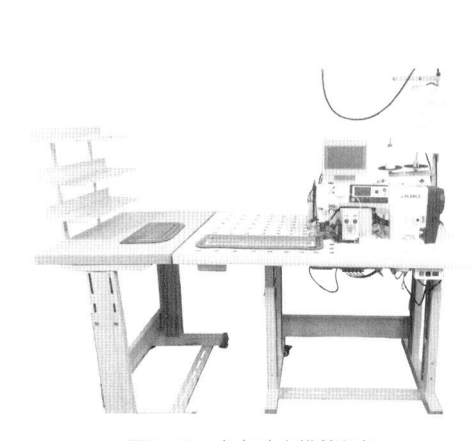

图5-27 全自动夹模缝纫机

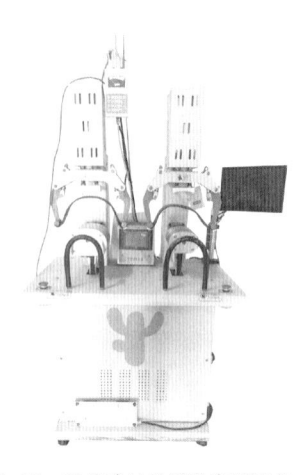

图5-28 双头冷热机后烫定型设备

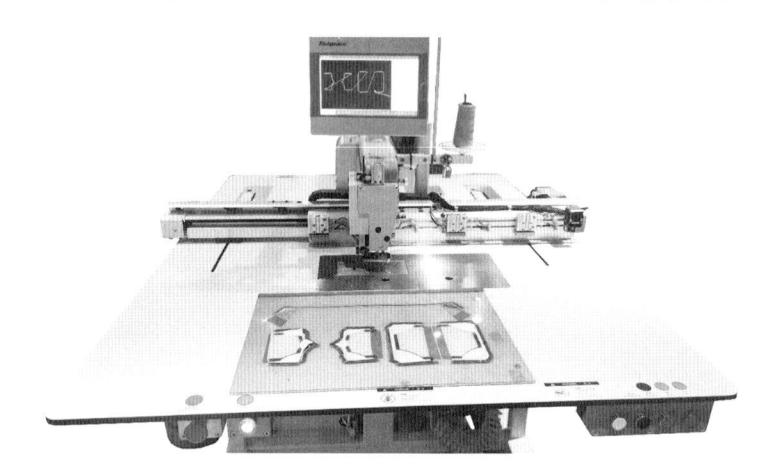

图5-29 模板机

参考文献

[1] 刘树华，鲁建厦，王家尧. 精益生产[M]. 北京：机械工业出版社，2009.

[2] 刘国联. 服装厂技术管理[M]. 北京：中国纺织出版社，2003.

[3] 陈波，汪倩，任丽惠，等. 时尚行业GST标准工时系统应用与实践[M]. 北京：中国纺织出版社有限公司，2022.

[4] 赵智平，陈明哲. 精益实务指南[M]. 深圳：海天出版社，2009.

[5] 今井正明. 现场改善低成本管理[M]. 华经，译. 北京：机械工业出版社，2000.

[6] 杨以雄，侯爱华. 服装精益生产实务[M]. 上海：东华大学出版社，2014.

[7] 冯翼，徐雅琴，储谨毅. 服装生产管理与质量控制[M]. 4版. 北京：中国纺织出版社，2017.

[8] 杨华. 精益生产管理实战手册[M]. 北京：化学工业出版社，2018.

[9] 兰海. 生产现场改善实例[M]. 深圳：海天出版社，2008.